Végétales et Gourmandes

50 recettes végétariennes

ÉDITO

RECETTES VÉGÉTARIENNES...

“Végétales et gourmandes”, voici une thématique qui inspire par son côté naturel, sain et frais !
Avec cet ouvrage, nous souhaitons comme toujours nous adresser à tous les gourmands, qu’ils soient ou non végétariens.
Aux premiers, nous proposons de nouvelles recettes à réaliser avec le Thermomix, composées des ingrédients de base de votre alimentation quotidienne, des légumineuses aux produits dérivés du soja.
Au fil des pages, nous emmènerons les seconds à la découverte de nouveaux ingrédients tels “Miso”, “Tofu” ou “Seitan”.
Les recettes que nous avons choisies, tantôt classiques, tantôt originales ou exotiques, se veulent savoureuses et pleines de vie. Nous vous invitons à découvrir (ou redécouvrir) pois chiches, lentilles, sarrasin, millet, et mille autres saveurs, pour des plaisirs vrais et sans cesse renouvelés.
Très bon voyage à tous au pays des graines, légumineuses, légumes et saveurs végétales !

Sophie HANON-JAURE
Responsable Marketing et Support des Ventes

SOMMAIRE THÉMATIQUE

HORS D'ŒUVRE

Houmous de betterave ... 06
Tartinade d'artichaut à la tomate ... 07
Pâté végétal ... 08
Samoussa pomme de terre coriandre ... 10
Cromesquis de pomme de terre au cœur nantais ... 12
Feuilles de vigne farcies au millet ... 14
Galettes de pois chiches à la tomate ... 16
Galettes de maïs à la coriandre ... 17
Choux à la mousse de petits pois ... 18

SOUPES ET ENTRÉES

Velouté patate douce et orange ... 22
Velouté avocat et lait de coco ... 23
Soupe miso ... 24
Garbure au tofu ... 26
Soupe au pistou ... 28
Œuf mollet sur sablé et son tartare de légumes ... 30
Blinis de pomme de terre, sauce tomate avocat ... 32
Salade de quinoa aux légumes croquants ... 34
Salade mexicaine ... 36
Salade de lentilles vertes ... 38
Salade de boulgour au fenouil et à l'orange ... 40
Salade de blé aux petits légumes ... 42
Fèves, petits pois et poires aux épices douces ... 44
Flan de ricotta aux pousses d'épinard et pistaches ... 46
Cheesecake salé aux poivrons ... 48
Terrine épinards brocolis ... 50
Terrine de chèvre aux olives ... 52
Terrine fromagère de polenta aux poireaux ... 54
Croustillant méditerranéen ... 56
Soufflé aux épinards et deux fromages ... 58
Gaufres au blé noir et petits légumes ... 60

PLATS PRINCIPAUX

Tarte aux épinards et citron confit ... 64
Lasagnes aux légumes anciens ... 66
Gratiné de cannelloni au vert ... 68
Nouilles soba aux légumes et tofu ... 70
Nasi goreng ... 72
Gratin de lentilles corail ... 74
Hachis de légumes au boulgour ... 76
Crumble style indien ... 78
Pilaf de riz aux fruits secs ... 80
Riz complet aux légumes, lait de coco et noix de cajou ... 82
Risotto de quinoa à la provençale ... 84
Couscous végétarien ... 86
Paëlla aux haricots rouges ... 88
Marmite d'épeautre aux légumes et saucisse de soja ... 90
Tomates farcies au sarrasin ... 92
Potée de haricots azuki à la provençale ... 94
Tofu façon grand-mère ... 96
Burger au tofu ... 98
Poêlée de tofu et céleri sucré salé ... 100
Seitan à l'orange ... 102

HORS D'ŒUVRE

Invitez vos amis pour un apéritif décoiffant autour d'une tartinade d'artichaut ou de galettes de pois chiches à la tomate. Surprenez-les avec un pâté végétal qui n'a rien à envier à la traditionnelle terrine…

INFORMATION(S)

- Comme toutes les légumineuses, le pois chiche apporte des protéines végétales. Servi avec du pain pita ou des gressins, la valeur protéique du plat devient alors complète.

HOUMOUS DE BETTERAVE

INGRÉDIENTS

1 gousse d'ail
400 g de betteraves cuites, coupées en morceaux
265 g de pois chiches, en conserve
25 g de jus de citron
1 yaourt à la Grecque
½ c. à café de cumin en poudre
2 c. à soupe d'huile d'olive
sel, à discrétion
poivre, à discrétion

PRÉPARATION

1. Mettre la gousse d'ail dans le bol et hacher **5 sec/vitesse 5**. Racler les parois du bol à l'aide de la spatule.
2. Ajouter les morceaux de betterave, les pois chiches égouttés, le jus de citron, le yaourt à la Grecque, le cumin en poudre et 1 c. à soupe d'huile d'olive, puis mixer **1 min/vitesse 6**. Transvaser dans un récipient, ajouter le reste d'huile d'olive, rectifier l'assaisonnement si nécessaire et réserver au frais jusqu'au moment de servir. Présenter en accompagnement de pain pita, de gressins, de pain de campagne toasté ou de bâtonnets de légumes frais.

CONSEIL(S)

- L'houmous est une préparation culinaire du Proche-Orient, à base de purée de pois chiche et de tahin (purée de sésame). Ici, le sésame du houmous traditionnel est remplacé par du cumin.

Préparation : 10 min
Temps total : 15 min

10

10 portions

Facile

Valeurs nutritionnelles par portion :
435 kJ / 104 kcal / Protides 4 g / Glucides 9 g / Lipides 6 g

TARTINADE D'ARTICHAUT À LA TOMATE

INGRÉDIENTS

1 gousse d'ail
6 cœurs d'artichaut, en conserve
100 g de tomates séchées à l'huile
2 pincées de piment de Cayenne
15 g de jus de citron
30 g d'huile d'olive
sel, à discrétion

PRÉPARATION

1. Mettre la gousse d'ail dans le bol et hacher **5 sec/vitesse 5**. Racler les parois du bol à l'aide de la spatule.
2. Ajouter les cœurs d'artichaut en morceaux, les tomates égouttées, le piment de Cayenne, le jus de citron, l'huile d'olive et le sel, et mixer **2 min/vitesse 4**. Transvaser dans un récipient et placer au frais pendant 2 heures minimum avant de servir sur de fines tranches de pain légèrement toastées.

CONSEIL(S)

- Si vous aimez les préparations acidulées, augmentez la quantité de tomates.

Préparation : 10 min
Temps total : 15 min

6 portions

Facile

Valeurs nutritionnelles par portion :
387 kJ / 93 kcal / Protides 2 g / Glucides 4 g / Lipides 7 g

PÂTÉ VÉGÉTAL

INGRÉDIENTS

300 g de champignons de Paris frais, brossés, nettoyés et coupés en lamelles
3 œufs
100 g de pain de mie complet (4 tranches)
200 g d'oignons, coupés en deux
30 g d'huile de tournesol
1 c. à café de sel
½ c. à café de poivre
1 pincée de quatre épices
1 branche de thym frais, effeuillée

USTENSILE(S)

1 terrine

PRÉPARATION

1. Préchauffer le four à 220°C (Th. 7-8).
2. Mettre les lamelles de champignon de Paris dans le bol et faire suer **5 min/100°C/↺/vitesse 🥄**. Les égoutter dans le panier cuisson et réserver.
3. Battre légèrement les œufs entiers en omelette dans un saladier et y faire tremper quelques minutes le pain de mie détaillé en gros morceaux.
4. Pendant ce temps, mettre les oignons dans le bol et hacher **7 sec/vitesse 5**. Racler les parois du bol à l'aide de la spatule.
5. Ajouter l'huile d'olive et les champignons égouttés, et faire revenir **10 min/Varoma/vitesse 1**.
6. Ajouter le pain imbibé, le sel, le poivre, le quatre épices et les feuilles de thym, puis mixer **8 sec/vitesse 4**. Transvaser dans une petite terrine et enfourner 20 minutes.
7. En fin de cuisson, laisser refroidir pendant 3 heures environ avant de déguster, accompagné par exemple d'une tartine de pain de campagne et de quelques cornichons.

CONSEIL(S)

- A défaut de petite terrine, utilisez un moule à cake. Les tranches de pâté seront alors moins grandes.

Préparation : 15 min
Temps total : 4 h

6

6 portions

Facile

Valeurs nutritionnelles par portion :
324 kJ / 150 kcal / Protides 6 g / Glucides 11 g / Lipides 9 g

INFORMATION(S)

- Substitut idéal de la charcuterie sur un buffet, tartinades et pâtés végétaux sont les clés d'un régime végétarien festif.
- Les champignons sont riches en protéines : environ 3% pour les champignons de culture, et 8% pour les champignons sauvages. Ils sont également mieux pourvu que les autres végétaux frais en acides aminés essentiels soufrés (méthionine et cystéine). Parfait pour un apport protéique complet dans une journée.
- Ils apportent par ailleurs vitamine D, fer et zinc, qui font parfois défaut aux végétariens.

SAMOUSSA POMME DE TERRE CORIANDRE

INGRÉDIENTS

1 bouquet de coriandre fraîche
100 g d'oignons, coupés en deux
300 g d'eau
300 g de pommes de terre, épluchées et coupées en cubes
130 g de fromage frais (type St-Môret)
½ c. à café de Ras-el-hanout
4 c. à soupe d'huile d'olive
½ c. à café de sel
6 feuilles de brick

USTENSILE(S)

plaque de four
pinceau de cuisine

PRÉPARATION

1. Mettre la coriandre dans le bol et hacher **5 sec/vitesse 7**.
2. Ajouter l'oignon et hacher **5 sec/vitesse 5**. Transvaser dans un récipient et réserver.
3. Mettre l'eau dans le bol et les pommes de terre dans le panier cuisson. Insérer ce dernier et cuire à la vapeur **20 min/Varoma/vitesse 1**.
4. Préchauffer le four à 180°C (Th. 6).
5. Vider le bol et y transvaser les pommes de terre. Ajouter le fromage frais, le mélange oignon-coriandre, le Ras-el-hanout, 1 c. à soupe d'huile d'olive et le sel, puis mélanger **30 sec/↺/vitesse 2**.
6. Couper les feuilles de brick en deux. Les badigeonner d'huile d'olive à l'aide d'un pinceau alimentaire, puis ramener le bout arrondi sur le côté droit de manière à obtenir un rectangle. Déposer 1 c. à soupe environ de farce sur l'une des extrémités. Rabattre l'extrémité en triangle sur la farce, et renouveler l'opération jusqu'au bout de la feuille de brick. Insérer le dernier pan de feuille dans les plis du triangle formé pour fermer la brick. Enfourner 5-6 minutes. Servir aussitôt.

Préparation : 15 min
Temps total : 1 h

4 portions

Facile

Valeurs nutritionnelles par portion :
1670 kJ /401 kcal / Protides 7 g / Glucides 29 g / Lipides 28 g

INFORMATION(S)

- Mets populaire du sous-continent indien depuis des siècles, le **samoussa** est un beignet de forme triangulaire, composé d'une fine pâte de blé enrobant une farce de fromage, légumes ou viande, piment et épices, notamment coriandre et curcuma. Cuits ou frits en fonction des régions du monde, ils sont toujours servis chauds, et sont souvent accompagnés de yaourt, de chutney, d'oignons coupés et de thé aux épices.
- Servi à la mode indienne avec du dhaal (lentilles cuites), le plat devient complet en protéines. A noter que la coriandre, comme le persil, a un taux de fer remarquablement élevé, et est très bien pourvue en zinc.

CROMESQUIS DE POMME DE TERRE AU CŒUR NANTAIS

INGRÉDIENTS

Le cœur coulant
1600 g d'eau
2 pincées de sel
150 g de mâche
300 g de glaçons
50 g de crème liquide 30% m.g.
1 pincée de poivre

La purée de pommes de terre
600 g d'eau
600 g de pommes de terre à chair ferme, coupées en dés
2 pincées de sel
1 pincée de poivre
30 g de beurre

Les cromesquis
farine de blé, pour le moulage
2 œufs entiers
60 g de chapelure
huile, pour la friture

USTENSILE(S)

passoire à grille moyenne
poêle à frire
papier absorbant

PRÉPARATION

Le cœur coulant

1. Mettre 800 g d'eau et le sel dans le bol, et porter à ébullition **10 min/100°C/vitesse 🥄**.
2. A la sonnerie, ajouter la mâche et cuire **10 min/100°C/↺/vitesse 🥄**.
3. Pendant ce temps, mettre les 800 g d'eau restants et les glaçons dans un saladier et réserver.
4. A la sonnerie, transvaser la mâche dans le saladier d'eau froide pour en stopper la cuisson et en conserver la couleur. Transvaser dans une passoire et laisser égoutter. Vider le contenu du bol.
5. Remettre la mâche égouttée dans le bol sans le rincer, ajouter la crème liquide et le poivre, et mixer **10 sec/vitesse 6**. Racler les parois du bol à l'aide de la spatule.
6. Mixer à nouveau **10 sec/vitesse 6** pour obtenir une belle crème verte. Transvaser dans un récipient et réserver. Rincer le bol.

La purée de pommes de terre

7. Mettre l'eau dans le bol et les dés de pomme de terre dans le panier cuisson. Insérer le panier cuisson et cuire à la vapeur **25 min/Varoma/vitesse 1**.
8. A la sonnerie, vider le bol, **insérer le fouet**, ajouter les pommes de terre, le sel, le poivre et le beurre, puis mixer **20 sec/vitesse 3** pour obtenir une purée assez sèche. Transvaser dans un récipient et laisser tiédir.

Les cromesquis

9. Mettre les œufs dans une assiette et les battre en omelette à l'aide d'une fourchette. Mettre la chapelure dans une autre assiette. Lorsque la purée est tiède, se fariner généreusement les mains, prendre la valeur d'une c. à soupe de purée dans le creux de la main, en former une demi-boule, faire une empreinte au milieu avec le doigt et y mettre une c. à café de crème de mâche. Rajouter un peu de purée pour refermer la boule et obtenir une boule de la taille d'une balle de ping-pong. Rouler la boule obtenue dans l'œuf battu puis dans la chapelure. Renouveler l'opération jusqu'à épuisement de la purée.
10. Faire chauffer l'huile de friture dans une poêle et y faire dorer les cromesquis uniformément 3-5 minutes sur chaque côté. Les laisser égoutter quelques minutes sur une feuille de papier absorbant. Servir chaud.

Préparation : 15 min
Temps total : 1 h

4 portions

Facile

Valeurs nutritionnelles par portion :
1523 kJ / 365 kcal / Protides 8 g / Glucides 24 g / Lipides 26 g

VARIANTE(S)

- Si vous disposez de moins de temps, réalisez cette recette dans un plat à gratin préalablement beurré : commencez par une couche de purée, creusez ensuite un sillon au milieu pour y mettre la crème verte, et recouvrez d'une nouvelle couche de purée. Saupoudrez de chapelure et dorez au four pendant 20 minutes à 220°C.

FEUILLES DE VIGNE FARCIES AU MILLET

INGRÉDIENTS

Les feuilles de vigne
800 g d'eau
12 feuilles de vigne, fraîchement cueillies, lavées
90 g de millet
500 g de pulpe de tomate, en brique
20 g d'huile d'olive
1 c. à café de graines de fenouil
60 g de raisins secs
20 g de pignons de pin

La sauce
le zeste d'un citron jaune
150 g de yaourt à la Grecque
35 g de jus de citron
1 c. à soupe de menthe fraîche, ciselée
2 pincées de sel
poivre, à discrétion

USTENSILE(S)

pinceau de cuisine

PRÉPARATION

Les feuilles de vigne

1. Mettre 300 g d'eau dans le bol, les feuilles de vigne dans le Varoma et cuire **15 min/Varoma/vitesse 2**. Réserver les feuilles de vigne sur une assiette et jeter l'eau. Laver et essuyer le bol.
2. Mettre le millet dans le bol et rissoler **5 min/Varoma/vitesse 2**, sans le gobelet doseur.
3. Ajouter la pulpe de tomate et cuire **25 min/100°C/↺/vitesse 1**. Transvaser dans un récipient et laisser refroidir. Laver et essuyer le bol.
4. Mettre 10 g d'huile, les graines de fenouil, les raisins secs et les pignons de pin dans le bol, et faire revenir **10 min/Varoma/↺/vitesse 🥄**. Ajouter à la préparation précédente et mélanger cette farce à l'aide de la spatule.
5. Poser les feuilles de vigne côté nervures vers le haut et la queue de la feuille vers vous. Les huiler à l'aide d'un pinceau alimentaire, déposer une c. à soupe de farce au bas de la feuille, replier les bords vers l'intérieur et rouler vers le haut en serrant bien. Huiler à nouveau les feuilles ainsi farcies et les disposer sur le plateau vapeur. Mettre le reste d'eau dans le bol, mettre l'ensemble Varoma en place et cuire à la vapeur **30 min/Varoma/vitesse 2**. Laisser refroidir et réserver au frais jusqu'au moment de servir.

La sauce

6. Mettre le zeste de citron dans le bol et râper **5 sec/vitesse 7**. Racler les parois du bol à l'aide de la spatule.
7. Ajouter le yaourt à la Grecque, le jus de citron, les feuilles de menthe, le sel et le poivre, et mixer **10 sec/vitesse 10**. Transvaser dans un récipient et servir en accompagnement des feuilles de vigne bien froides.

Préparation : 30 min
Temps total : 2 h 30 min

4 portions

Facile

Valeurs nutritionnelles par portion :
816 kJ / 208 kcal / Protides 4 g / Glucides 27 g / Lipides 9 g

INFORMATION(S)

- Les **feuilles de vigne farcies** (appelées Dolmas) sont un mets traditionnel des cuisines de l'ancien Empire Ottoman et des pays circassiens. Il en existe plusieurs variantes mais elles sont généralement farcies au riz ou à la viande.
- Riches en fer, les feuilles de vigne sont aussi source de protéines. La championne des protéines vertes reste l'ortie, avec une teneur en protéines de 9 g/100 g (contre 12,5 g pour les œufs), à ramasser au gré de vos ballades à la campagne. A noter que ces protéines possèdent un profil complet en acides aminés essentiels.

INFORMATION(S)

- Le **pois chiche** est une légumineuse, voisine du petit pois, cultivé dans les régions méditerranéennes dont il est originaire. On le retrouve dans des plats traditionnels comme le couscous, l'houmous les falafels.
- La farine de pois chiche se trouve en magasin bio ou oriental.

GALETTES DE POIS CHICHES À LA TOMATE

INGRÉDIENTS

2 gousses d'ail
50 g d'oignon blanc
300 g de tomates fraîches, épépinées et coupées en quatre
250 g de farine de pois chiche
2 pincées de gingembre en poudre
2 pincées de cumin en poudre
2 pincées de sel
1 pincée de poivre
200 g d'eau
1 c. à soupe de persil ciselé
1 c. à soupe de feuilles de thym frais
50 g d'huile d'olive, pour la cuisson

USTENSILE(S)

poêle
papier absorbant

PRÉPARATION

1. Mettre l'ail et l'oignon dans le bol et hacher **5 sec/vitesse 5**. Transvaser dans un récipient et réserver.
2. Mettre les tomates dans le bol et hacher **2 sec/vitesse 5**. Transvaser dans le récipient avec les oignons et réserver.
3. Mettre la farine de pois chiche, le gingembre, le cumin, le sel, le poivre et l'eau dans le bol, et mélanger **20 sec/vitesse 8**.
4. Ajouter le persil, les feuilles de thym et le mélange ail-oignon-tomate, et mélanger **10 sec/↺/vitesse 3**.
5. Mettre un peu d'huile à chauffer dans la poêle. Lorsqu'elle est chaude, y poser de petits tas réguliers de pâte à l'aide d'une c. à soupe et laisser cuire 5 minutes sur chaque face.
6. Laisser égoutter sur une assiette tapissée de papier absorbant. Répéter l'opération jusqu'à épuisement de la pâte, en huilant la poêle très légèrement à chaque tournée. Servir tièdes ou froides.

Préparation : 10 min
Temps total : 30 min

36 galettes

Facile

Valeurs nutritionnelles par portion :
174 kJ / 42 kcal / Protides 0 g / Glucides 5 g / Lipides 2 g

GALETTES DE MAÏS À LA CORIANDRE

INGRÉDIENTS

Les galettes de maïs
120 g de maïs, en conserve
1 bouquet de coriandre fraîche
100 g de farine
½ sachet de levure chimique
1 œuf
150 g de lait
sel, à discrétion
poivre, à discrétion

La sauce
1 yaourt nature
sel, à discrétion
poivre, à discrétion

La cuisson des galettes
70 g d'huile de friture

USTENSILE(S)

poêle à frire
papier absorbant

PRÉPARATION

Les galettes de maïs

1. Egoutter le maïs dans le panier cuisson et réserver.
2. Mettre la coriandre dans le bol et hacher **5 sec/vitesse 7**. Racler les parois du bol à l'aide de la spatule. En réserver une c. à soupe pour la sauce et laisser le reste dans le bol.
3. Ajouter la farine, la levure chimique, l'œuf, le lait, le sel, le poivre et le maïs égoutté, puis mélanger **30 sec/↺/vitesse 3**. Transvaser dans un récipient et laisser reposer la pâte une demi-heure. Laver et essuyer le bol.

La sauce

4. Mettre la coriandre réservée, le yaourt, le sel et le poivre dans le bol, et mixer **1 min/vitesse 4**. Transvaser dans un ramequin et réserver au frais jusqu'au moment de servir.

La cuisson des galettes

5. Mettre un peu d'huile à chauffer dans la poêle. Lorsqu'elle est chaude, y poser de petits tas réguliers de pâte à l'aide d'une c. à soupe et laisser cuire 2-3 minutes sur chaque face. Laisser égoutter sur une assiette tapissée de papier absorbant. Répéter l'opération jusqu'à épuisement de la pâte, en huilant la poêle très légèrement à chaque tournée. Servir tièdes ou froides.

Préparation : 20 min
Temps total : 1 h

6 portions

Facile

Valeurs nutritionnelles par portion :
949 kJ / 225 kcal / Protides 6 g / Glucides 18 g / Lipides 14 g

CHOUX À LA MOUSSE DE PETITS POIS

INGRÉDIENTS

La mousse de petits pois
300 g d'eau
10 feuilles de menthe fraîche
300 g de petits pois frais, écossés
½ c. à café d'agar-agar
100 g de crème liquide 30% m.g. minimum
sel, à discrétion
poivre, à discrétion

Les choux
150 g d'eau
80 g de beurre doux
2 pincées de sel
120 g de farine
3 gros œufs (ou 4 petits)

USTENSILE(S)

plaque de four
papier cuisson
poche à douille

PRÉPARATION

La mousse de petits pois

1. Mettre l'eau et les feuilles de menthe dans le bol, et les petits pois dans le panier cuisson. Insérer ce dernier et cuire à la vapeur **15 min/Varoma/vitesse 1**.
2. Retirer le panier cuisson et passer les petits pois sous un filet d'eau froide pour en stopper la cuisson. Laisser égoutter.
3. Retirer les feuilles de menthe et conserver 150 g d'eau dans le bol. S'il n'en reste pas assez, en ajouter pour obtenir 150 g au total. Ajouter l'agar-agar, la crème liquide, le sel et le poivre, puis chauffer **2 min 30 sec/100°C/vitesse 2**.
4. Ajouter les petits pois et mixer **20 sec/vitesse 8**. Racler les parois du bol à l'aide de la spatule.
5. Rectifier l'assaisonnement et mixer à nouveau **10 sec/vitesse 7**. Transvaser dans un récipient et garder au frais au moins 3 heures.

Les choux

6. Préchauffer le four à 220°C (Th. 7-8). Tapisser la plaque de four de papier cuisson et réserver.
7. Mettre l'eau, le beurre et le sel dans le bol, puis chauffer **5 min/100°C/vitesse 1**.
8. Ajouter la farine et mélanger **1 min 30 sec/vitesse 3**. Ouvrir le bol quelques minutes pour permettre à la pâte de refroidir.
9. Mélanger **vitesse 5**, en ajoutant les œufs un à un, toutes les 15 secondes, par l'orifice du couvercle sur les couteaux en marche, puis mixer **30 sec/vitesse 5**.
10. A l'aide d'une poche à douille, déposer des noix de pâte de taille régulière sur la plaque de cuisson préparée, en les espaçant de 2-3 cm. Enfourner 25 minutes, ou jusqu'à ce que les choux dorent. Puis stopper le four et l'entrouvrir 8-10 minutes pour permettre à l'humidité de s'échapper et éviter à vos choux de retomber. Sortir les choux et laisser refroidir complètement avant de les couper en deux.
11. **Insérer le fouet**, mettre la mousse de petits pois dans le bol, et fouetter **1 min/vitesse 4**.
12. Couper des chapeaux dans le tiers supérieur des choux, garnir de mousse de petits pois avec une poche à douille à embout cannelé, repositionner le chapeau, puis mettre au frais jusqu'au moment de servir.

Préparation : 30 min
Temps total : 4 h

6 portions

Facile

Valeurs nutritionnelles par portion :
1289 kJ / 312 kcal / Protides 9 g / Glucides 21 g / Lipides 21 g

INFORMATION(S)

- L'**agar-agar** est un autre ingrédient emblématique de la cuisine végétarienne, puisqu'il remplace la gélatine. C'est une algue transparente d'origine asiatique que l'on trouve facilement en grandes surfaces et boutique bio.

CONSEIL(S)

- La menthe doit être présente mais ne doit pas dominer les petits pois.

SOUPES ET ENTRÉES

Concocter une soupe végétarienne complète ? Rien de plus simple avec le velouté avocat lait de coco ou la soupe miso. Découvrez des salades riches en minéraux et vitamines en combinant céréales, légumineuses, légumes et indispensables graines germées, comme la salade de blé au boulgour.

INFORMATION(S)

- Cultivée et consommée abondamment dans les pays tropicaux, la **patate douce** est un tubercule qui s'utilise comme la pomme de terre.
- Elle est particulièrement riche en manganèse, cuivre, vitamine A, vitamine B6 et antioxydant (anthocyanines). Les plus nutritives sont celles à chair orange ou pourpre. La chair foncée possède aussi une saveur plus intense, plus sucrée. Très mince, la pelure est comestible et riche en antioxydants.

VELOUTÉ PATATE DOUCE ET ORANGE

INGRÉDIENTS

1 orange à jus, zeste et jus
15 g de gingembre frais, coupé en morceaux
120 g de blanc de poireau, coupé en tronçons
30 g de beurre
½ c. à café de cannelle en poudre
1 cube de bouillon de légumes 100% végétal
600 g d'eau
600 g de patates douces, épluchées et coupées en dés

PRÉPARATION

1. Prélever la moitié du zeste de l'orange sans la peau blanche, mettre dans le bol, et mixer **10 sec/vitesse 8**. Racler les parois du bol à l'aide de la spatule.
2. Mixer à nouveau **10 sec/vitesse 8**. Transvaser dans un récipient et réserver.
3. Mettre le gingembre dans le bol et mixer **5 sec/vitesse 6**.
4. Ajouter le blanc de poireau et mixer **5 sec/vitesse 5**.
5. Ajouter le beurre et rissoler **3 min/Varoma/vitesse 1**.
6. Ajouter la cannelle, le zeste d'orange réservé, le cube de bouillon de légumes végétal et l'eau. Mettre les dés de patate douce dans le panier cuisson, insérer ce dernier et cuire à la vapeur **15 min/Varoma/ vitesse 1**.
7. A la sonnerie, transvaser les patates douces et le jus de l'orange dans le bol, et mixer **30 sec/vitesse 10**. Servir chaud.

Préparation : 10 min
Temps total : 30 min

8 portions

Facile

Valeurs nutritionnelles par portion :
515 kJ / 122 kcal / Protides 2 g / Glucides 20 g / Lipides 4 g

VELOUTÉ AVOCAT ET LAIT DE COCO

INGRÉDIENTS
2 avocats, coupés en dés
½ cube de bouillon de légumes 100% végétal
400 g d'eau glacée
150 g de lait de coco
1 bouquet de coriandre fraîche
le jus d'un ½ citron vert, et un peu de zeste
3 gouttes de Tabasco®
1 pincée de sel
20 g de noix de coco râpée

USTENSILE(S)
8 verrines

PRÉPARATION
1. Mettre les avocats, le 1/2 cube de bouillon de légumes végétal, l'eau, le lait de coco, la coriandre (en garder quelques feuilles pour la décoration), le jus de citron vert, le Tabasco® et le sel dans le bol, puis mixer **20 sec/vitesse 10**.
2. Répartir dans des verrines, saupoudrer d'une pincée de zeste de citron vert, d'une pincée de noix de coco râpée et terminer par une feuille de coriandre. Réserver au frais jusqu'au moment de servir.

CONSEIL(S)
- Ne tardez pas trop à consommer ce velouté, car malgré le citron, il s'oxyde rapidement et sa couleur est moins attrayante.
- Pour vos salades à base d'avocat, et pour éviter à la chair de l'avocat de noircir, placez le noyau au centre de la préparation jusqu'au moment de servir.

Préparation : 10 min
Temps total : 15 min

8 portions

Facile

Valeurs nutritionnelles par portion :
436 kJ / 106 kcal / Protides 2 g / Glucides 1 g / Lipides 10 g

SOUPE MISO

INGRÉDIENTS

1000 g d'eau
30 g de kombu
1 blanc de poireau
1 c. à café bombée de dashi végétarien
10 g de wakamé, détaillé en petits morceaux
80 g de pâte de soja
200 g de tofu, détaillé en cubes
4 tiges de cive, finement ciselée

PRÉPARATION

1. Mettre l'eau et le kombu dans un récipient et laisser tremper 15 minutes.
2. Mettre le blanc de poireau dans le bol et hacher **8 sec/vitesse 3**. Transvaser dans un récipient et réserver.
3. Mettre le kombu et l'eau de trempage dans le bol, et cuire **8 min/100°C/↺/vitesse** ⸙. Retirer le kombu et laisser le bouillon dans le bol.
4. Ajouter le dashi et le wakamé détaillé en petits morceaux au contenu du bol, et cuire **3 min/100°C/↺/vitesse** ⸙.
5. Ajouter la pâte de soja et la julienne de poireau, et cuire **2 min/100°C/↺/vitesse** ⸙.
6. Ajouter les dés de tofu et la cive ciselée, et conserver au chaud dans le bol quelques instants avant de servir chaud.

CONSEIL(S)

- Le kombu, le dashi végétarien et le wakamé se trouvent en épicerie asiatique.

Préparation : 10 min
Temps total : 40 min

4 portions

Facile

Valeurs nutritionnelles par portion :
577 kJ / 138 kcal / Protides 7 g / Glucides 19 g / Lipides 4 g

INFORMATION(S)

- Le **kombu** est une algue comestible originaire d'Asie. Autrefois principalement cultivé et consommé au Japon, on le trouve désormais en Europe, cultivé en Bretagne (il y est connu sous le nom de Fouet des sorcières). Généralement vendu séché, entier ou coupé en lamelles, il s'ajoute à la cuisson des légumineuses pour les attendrir, faciliter leur digestion et accélérer leur cuisson.
- Le **dashi**, est un bouillon de kombu et de bonite séchée à la base de nombreux plats japonais. On le trouve rarement frais mais plutôt sous forme de poudre instantanée. Dans le dashi végétal, la bonite est remplacée par des champignons shitake.
- Le **wakamé** est une algue brune comestible et très populaire au Japon et en Corée. Utilisé pour la confection de salades et de soupes, il est vendu déshydraté et détaillé en morceaux. Il faut le réhydrater dans de l'eau quelques minutes, ce qui triple son volume. Il ne doit pas être cuit longtemps afin de conserver sa couleur et ses nutriments.
- La valeur nutritionnelle des algues est exceptionnelle, et peut varier selon la variété et le mode de préparation. C'est un "super-aliment" prisé des végétariens, très riche en protéines, fibres, antioxydant, iode, cuivre, fer, manganèse, magnésium, vitamines A, B2, B9, C et K, et aussi source de calcium, phosphore, zinc, vitamine B5.
- Selon la variété, les algues peuvent s'utiliser réhydratées en soupe (comme ici), crue en salade, comme des fines herbes en poudre séchée, grillée autour des sushis…

GARBURE AU TOFU

INGRÉDIENTS

Le tofu

2 gousses d'ail
20 g de sauce soja
10 g d'huile d'olive
200 g de tofu ferme, coupé en petits cubes

La garbure

150 g de carottes, coupées en tronçons
150 g de petits navets, coupés en quatre
200 g de chou frisé, coupé en morceaux
120 g d'oignons blancs, coupés en deux
20 g d'huile d'olive
1 blanc de poireau, coupé en rondelles fines
200 g de haricots verts
1000 g d'eau
3 pincées de sel
poivre, à discrétion
250 g de haricots blancs, en boîte

PRÉPARATION

Le tofu

1. Mettre les gousses d'ail dans le bol et hacher **5 sec/vitesse 5**. Racler les parois du bol à l'aide de la spatule.
2. Ajouter la sauce soja et l'huile d'olive et mélanger **10 sec/vitesse 2**.
3. Mettre le tofu dans un saladier, ajouter la marinade, mélanger et laisser mariner 1 heure environ.

La garbure

4. Mettre les carottes et les navets dans le bol, et râper **2 sec/vitesse 5**. Transvaser dans un récipient et réserver.
5. Mettre les morceaux de chou dans le bol et hacher **2 sec/vitesse 5**. Transvaser avec le mélange carotte-navet et réserver.
6. Mettre l'oignon dans le bol, et hacher **5 sec/vitesse 5**. Racler les parois du bol à l'aide de la spatule.
7. Ajouter l'huile d'olive et faire revenir **5 min/Varoma/vitesse 🥄**, sans le gobelet doseur.
8. A la sonnerie, ajouter les légumes réservés, les rondelles de poireau et les haricots verts, puis faire revenir **5 min/Varoma/↺/vitesse 2**.
9. A la sonnerie, ajouter l'eau, le sel et le poivre, et cuire **30 min/100°C/↺/vitesse 🥄**.
10. Ajouter les haricots blancs et le tofu égoutté, puis chauffer **3 min/100°C/↺/vitesse 1**. Rectifier l'assaisonnement. Transvaser dans une soupière et servir très chaud.

CONSEIL(S)

- Le kombu, le dashi et le wakamé se trouvent en épicerie asiatique.

Préparation : 30 min
Temps total : 2 h

4 portions

Facile

Valeurs nutritionnelles par portion :
1047 kJ / 249 kcal / Protides 15 g / Glucides 21 g / Lipides 12 g

INFORMATION(S)

- Le **chou** est un aliment particulièrement précieux car il contribue très efficacement à la couverture de nos besoins vitaminiques (provitamine A, vitamines C, B9 et E.). Il est source de protéines, et de fibres. Enfin, c'est un légume riche en calcium, qui plus est assimilable à plus de 50%.

SOUPE AU PISTOU

INGRÉDIENTS

Le pistou
100 g d'huile d'olive
30 g de parmesan
4 gousses d'ail
12 feuilles de basilic frais

La soupe
30 g d'oignon nouveau
3 gousses d'ail
20 g de fenouil
10 g d'huile
100 g de tomates fraîches, coupées en dés
100 g de carottes, coupées en dés
100 g de courgettes, coupées en dés
100 g de pois cassés
100 g de haricots verts, coupés en tronçons
1 cube de bouillon de légumes 100% végétal
1200 g d'eau
1 c. à café de sel
poivre, à discrétion
75 g de macaronis

PRÉPARATION

Le pistou

1. Poser un récipient sur le couvercle et y peser l'huile d'olive. Réserver.
2. Mettre le parmesan dans le bol et râper **10 sec/vitesse 10**.
3. Ajouter l'ail et les feuilles de basilic, et hacher **6 sec/vitesse 5**. Racler les parois du bol à l'aide de la spatule.
4. Emulsionner **2 min/vitesse 3** en ajoutant l'huile en un mince filet par l'orifice du couvercle sur les couteaux en marche. Transvaser dans un récipient et réserver.

La soupe

5. Sans laver le bol, y mettre l'oignon nouveau, les gousses d'ail et le fenouil, puis hacher **5 sec/vitesse 5**. Racler les parois du bol à l'aide de la spatule.
6. Ajouter l'huile d'olive et rissoler **3 min/Varoma/vitesse** , sans le gobelet doseur.
7. Ajouter la tomate, la carotte, la courgette, les pois cassés, les haricots verts, le cube de bouillon de légumes végétal, l'eau, le sel et le poivre, puis cuire **40 min/100°C/⟲/vitesse** .
8. Ajouter les macaronis et cuire **10 min/90°C/⟲/vitesse** . Rectifier l'assaisonnement, transvaser dans une soupière et servir aussitôt accompagné du pesto.

CONSEIL(S)

- Si vous n'utilisez pas tout le pistou, gardez-le au frais dans un pot hermétique en prenant soin de recouvrir d'une couche d'huile d'olive ; utilisez-le ultérieurement avec des pâtes, des légumes, crus ou cuits, ou des œufs durs.

Préparation : 30 min
Temps total : 1 h 15 min

4
4 portions

Facile

Valeurs nutritionnelles par portion :
1444 kJ / 346 kcal / Protides 12 g / Glucides 35 g / Lipides 17 g

INFORMATION(S)

- La **sauce au pistou**, ou **pistou**, est l'équivalent provençal du *pesto* ligure (italien), à base de basilic pilé, d'ail et d'huile d'olive. Contrairement au pesto, le pistou se prépare généralement sans pignons et le fromage est facultatif.
- Les grandes civilisations se sont développées autour de modèles alimentaires basés sur une céréale (déficiente en lysine mais pas en méthionine) plus une légumineuse ou une petite quantité de produit animal (déficiente en méthionine mais pas en lysine), pour un plat à la valeur protéique accrue et complète.
- La soupe au pistou provençale - tout comme le minestrone italien - alliant pâtes et haricots secs, en est un bel exemple. En Amérique centrale, on trouvera les tortillas de maïs + haricots noirs (frijol), au Maghreb, la semoule de couscous + pois chiche, en Chine le riz + tofu, en Inde le dhal (lentilles) + chapati de blé, en Afrique le millet + arachide, en Italie la pizza (froment + fromage)...

ŒUF MOLLET SUR SABLÉ ET SON TARTARE DE LÉGUMES

INGRÉDIENTS

Les sablés

100 g de mimolette
45 g d'olives noires dénoyautées
45 g de tomates séchées, égouttées
80 g de beurre
160 g de farine
35 g de pistaches non salées, décortiquées
poivre, à discrétion

La garniture

300 g d'eau
250 g de haricots verts frais, coupés en petits dés
130 g de poivron rouge, épépiné et détaillé en petits dés
130 g de carottes, coupées en petits dés
6 œufs
8 pincées de sel
poivre, à discrétion
100 g de courgettes, coupées en petits cubes
1 c. à soupe de vinaigre balsamique
2 c. à soupe d'huile d'olive
3 brins de persil frais ou de ciboulette fraîche

USTENSILE(S)

film alimentaire
emporte-pièce (Ø 8 cm)
plaque de four
papier cuisson
ficelle de cuisine

PRÉPARATION

Les sablés

1. Mettre la mimolette dans le bol et râper **5 sec/vitesse 10**. Transvaser dans un récipient et réserver.
2. Mettre les olives et les tomates dans le bol, et mixer **3 sec/vitesse 7**. Transvaser dans un récipient et réserver.
3. Mettre le beurre et la farine dans le bol, et mélanger **20 sec/vitesse 4**.
4. Ajouter la mimolette râpée, le mélange olive-tomate, les pistaches et le poivre, puis mélanger **30 sec/⟲/vitesse 3**. Transvaser sur une feuille de film alimentaire, rouler en cylindre d'un diamètre légèrement supérieur à celui de l'emporte-pièce choisi, et réserver au réfrigérateur une heure minimum.
5. Au bout de ce temps, préchauffer le four à 180°C (Th. 6). Tapisser une plaque de four de papier cuisson et réserver.
6. Lorsque la pâte est bien froide, retirer le film alimentaire et découper la pâte en rondelles d'1/2 cm maximum. Aplatir légèrement chacune et façonner les sablés à l'emporte-pièce. Disposer sur la plaque de four préparée et enfourner 30 minutes.

La garniture

7. Pendant ce temps, mettre l'eau dans le bol, et les haricots verts, le poivron rouge et la carotte dans le panier cuisson, puis cuire à la vapeur **10 min/Varoma/vitesse 2**.
8. Tapisser le gobelet doseur de film alimentaire, casser un œuf dedans, saler et poivrer, puis fermer le paquet avec de la ficelle de cuisine. Répéter l'opération avec le reste des œufs. Placer les paquets dans le Varoma. Mettre les courgettes sur le plateau vapeur, insérer ce dernier, mettre l'ensemble Varoma en place et cuire à la vapeur **6 min/Varoma/vitesse 2**.
9. Retirer les œufs et poursuivre la cuisson des légumes **3 min/Varoma/vitesse 2**.
10. Mettre le sel, le poivre, le vinaigre balsamique et l'huile d'olive dans un récipient et mélanger à l'aide de la spatule. Ajouter la brunoise de légumes et mélanger. Poser un biscuit sur une assiette, poser l'emporte-pièce dessus, ajouter une couche de légumes. En lisser la surface avec le dos d'une cuillère et retirer l'emporte-pièce. Procéder de même avec les autres assiettes. Poser ensuite délicatement un œuf poché sur chaque montage, saupoudrer de persil ou de ciboulette ciselée. Servir sans tarder.

Préparation : 10 min
Temps total : 1 h 30 min

6 portions

Facile

Valeurs nutritionnelles par portion :
2062 kJ / 495 kcal / Protides 16 g / Glucides 27 g / Lipides 35 g

BLINIS DE POMME DE TERRE SAUCE TOMATE AVOCAT

INGRÉDIENTS

Les blinis de pomme de terre

500 g d'eau
200 g de pommes de terre, coupées en cubes
110 g de farine
½ c. à café rase de levure chimique
½ c. à café rase de bicarbonate de sodium
1 œuf
200 g de lait demi-écrémé
1 pincée de zeste de citron
1 pincée de sel

La salsa tomate avocat

30 g d'oignon rouge, coupé en deux
1 gousse d'ail
1 avocat, dénoyauté et coupé en dés
1 tomate bien mûre, pelée, épépinée et coupée en dés
30 g de jus de citron
30 g d'huile d'olive
1 c. à soupe de câpres
1 c. à soupe de ciboulette fraîche, finement ciselée

La sauce raifort

1 c. à café rase de crème de raifort
80 g de crème fraîche
1 pincée de paprika doux en poudre
sel, à discrétion
70 g de beurre, pour la cuisson

USTENSILE(S)

film alimentaire
poêle à blinis
grille à pâtisserie

PRÉPARATION

Les blinis de pomme de terre

1. Mettre l'eau dans le bol et les pommes de terre dans le panier cuisson, insérer ce dernier et cuire à la vapeur **15 min/Varoma/vitesse 1**.
2. Vider l'eau du bol, transvaser les pommes de terre dedans, et mixer **15 sec/vitesse 4**. Racler les parois du bol à l'aide de la spatule.
3. Ajouter la farine, la levure chimique et le bicarbonate, et mélanger **6 sec/vitesse 3**.
4. Ajouter l'œuf, le lait, le zeste de citron et le sel, et mélanger **20 sec/vitesse 5**, ou jusqu'à l'obtention d'une pâte homogène. Transvaser dans un récipient et réfrigérer 15 minutes minimum. Laver et essuyer le bol.

La salsa tomate avocat

5. Mettre l'oignon et la gousse d'ail dans le bol, et hacher **5 sec/vitesse 5**. Transvaser dans un récipient.
6. Ajouter l'avocat coupé en dés, la tomate, le jus de citron, l'huile d'olive, les câpres et la ciboulette. Mélanger délicatement à l'aide de la spatule, couvrir de film alimentaire et réserver au frais.

La sauce raifort

7. **Insérer le fouet**. Mettre la crème de raifort, la crème fraîche, le paprika, et le sel dans le bol, et fouetter **1 min/vitesse 4**. La crème sera battue mais ne montera pas en chantilly à cause du raifort. Transvaser dans un récipient et réserver au frais.
8. Faire fondre une petite quantité de beurre dans une poêle à blinis. Verser une petite louche de pâte dans la poêle chaude de manière à former de petits disques. Laisser dorer chaque face quelques minutes. Poser les blinis sur une grille à pâtisserie et laisser refroidir.
9. Tartiner un peu de sauce au raifort sur chaque blinis, ajouter une bonne c. à soupe de salsa tomate avocat, et déguster.

CONSEIL(S)

- A défaut d'une poêle à blinis, utilisez une poêle standard.

Préparation : 10 min
Temps total : 45 min

20 blinis

Facile

Valeurs nutritionnelles par portion :
320 kJ / 75 kcal / Protides 2 g / Glucides 7 g / Lipides 5 g

INFORMATION(S)

- Les lipides de l'avocat ont une composition originale et bénéfique pour la santé : près de 80% d'acides gras insaturés, dont 59% de mono-insaturé (celui de l'huile d'olive), et 13% de poly-insaturés (oméga 3).

VARIANTE(S)

- Le **raifort** est une plante dont on utilise la racine en condiment. Son goût est piquant car elle contient les mêmes composants que la moutarde. A l'origine cultivé en Alsace, on le trouve désormais dans toute l'Europe. Il est vendu sous forme de crème au rayon épices et condiments des grandes surfaces. Une fois ouvert, il se conserve au réfrigérateur. Il parfume agréablement la mayonnaise par exemple.

SALADE DE QUINOA AUX LÉGUMES CROQUANTS

INGRÉDIENTS

1 oignon nouveau, coupé en deux
70 g de carottes, coupées en morceaux
140 g de courgettes, coupées en morceaux
400 g d'eau
1½ c. à café de sel
50 g de graines de quinoa
80 g de tomates, coupées en dés
2 c. à soupe d'huile d'olive
2 c. à soupe de vinaigre balsamique
1 c. à café de graines de cumin
1 pincée de poivre

PRÉPARATION

1. Mettre l'oignon dans le bol et hacher **5 sec/vitesse 5**. Transvaser dans un récipient et réserver.
2. Mettre la carotte et la courgette dans le bol, et râper **3 sec/vitesse 5**. Transvaser dans le Varoma et réserver.
3. Mettre l'eau et 1 c. à café de sel dans le bol, et porter à ébullition **5 min/Varoma/vitesse 2**.
4. Ajouter les graines de quinoa, mettre en place le Varoma et cuire à la vapeur **13 min/Varoma/⟲/vitesse 2**.
5. A la sonnerie, égoutter le quinoa et laisser refroidir légumes et quinoa. Quand ils sont refroidis, transvaser sur un plat de service, ajouter l'oignon haché, les dés de tomate, l'huile d'olive, le vinaigre balsamique, les graines de cumin, une pincée de sel et le poivre. Mélanger à l'aide de la spatule et mettre au frais jusqu'au moment de servir.

VARIANTE(S)

- Accentuez les saveurs de cette délicieuse salade en y ajoutant du persil, de la ciboulette, du basilic, de la menthe, ou encore des raisins secs.

Préparation : 10 min
Temps total : 30 min

4 portions

Facile

Valeurs nutritionnelles par portion :
709 kJ / 171 kcal / Protides 3 g / Glucides 15 g / Lipides 11 g

INFORMATION(S)

- Comme le haricot, la pomme de terre et le maïs, le **quinoa** - originaire du Pérou - était à la base de l'alimentation des civilisations précolombiennes. Contrairement au riz ou au blé, le quinoa n'est pas une graminée, il est plutôt considéré comme une “pseudo-céréale”.
- Il a une texture de caviar et un goût léger de noisette. Il se cuisine facilement au salé comme au sucré, et peut remplacer le riz, la semoule ou les pâtes en accompagnement.

SALADE MEXICAINE

INGRÉDIENTS

La sauce à l'avocat

1 gousse d'ail
1 avocat, coupé en morceaux
1 jus de citron vert
30 g d'huile d'olive
2 pincées de sel
poivre, à discrétion
1 pincée de piment de Cayenne, à ajuster en fonction des goûts
3 gouttes de Tabasco®

La salade de haricots rouges

400 g de tomates, épépinées et coupées en quatre
50 g d'oignon, coupé en deux
1 poivron jaune ou orange, épépiné et coupé en morceaux
1 poivron rouge, épépiné et coupé en morceaux
250 g de haricots rouges, en conserve
250 g de maïs en grains, en conserve
10 brins de ciboulette fraîche, ciselée

PRÉPARATION

La sauce à l'avocat

1. Mettre la gousse d'ail dans le bol et hacher **5 sec/vitesse 5**. Racler les parois du bol à l'aide de la spatule.
2. Ajouter l'avocat en morceaux, le jus de citron vert, l'huile d'olive, le sel, le poivre, le piment de Cayenne et le Tabasco®, et mixer **10 sec/vitesse 7**. Racler les parois du bol à l'aide de la spatule.
3. Mixer à nouveau **5 sec/vitesse 4**, puis transvaser dans un récipient et réserver. Laver et essuyer le bol.

La salade de haricots rouges

4. Mettre les tomates dans le bol et mixer **2 sec/vitesse 5**. Transvaser sur un plat de service et réserver.
5. Mettre l'oignon dans le bol et hacher **5 sec/vitesse 5**. Ajouter aux tomates et réserver.
6. Mettre le poivron jaune et le poivron rouge dans le bol, et mixer **2 sec/vitesse 5**. Ajouter au mélange précédent et réserver.
7. Egoutter les haricots rouges et le maïs, les ajouter au reste des légumes, ajouter la sauce à l'avocat, mélanger à l'aide de la spatule et parsemer de ciboulette ciselée. Réserver au frais pendant deux heures avant de servir.

Préparation : 15 min
Temps total : 2 h 20 min

6

6 portions

Facile

Valeurs nutritionnelles par portion :
786 kJ / 188 kcal / Protides 6 g / Glucides 19 g / Lipides 10 g

INFORMATION(S)

- Les **légumes secs** (ou **légumineuses**) sont une large famille, pilier du végétarisme. On y trouve : pois chiches, lentilles (verte du Puy, corail, blonde), pois cassés, haricots (blanc, rouge, pinto, azuki, noir, rognon, flageolet, niébé, coco, Soisson, Lima…), fèves, et soja jaune (à ne pas confondre avec le mungo vert à germer).
- Pourquoi les mettre au menu ? Ils sont bon marché, constituent de bons substituts à la viande (sans les graisses saturées), leurs fibres régulent le transit intestinal, la glycémie, le taux de cholestérol. Ils sont en outre d'excellentes sources de fer, de manganèse, de cuivre, de vitamine B9 et de phosphore.

SALADE DE LENTILLES VERTES

INGRÉDIENTS

La salade de lentilles
8 brins de persil plat, frais
200 g de lentilles vertes du Puy, préalablement rincées à l'eau froide
750 g d'eau
1 gousse d'ail
½ c. à café de sel

L'assaisonnement
25 g d'échalote, coupée en deux
25 g d'oignon rouge
1 c. à café de moutarde
1 pincée de sel
poivre, à discrétion
10 g de vinaigre de vin rouge
30 g d'huile d'olive

PRÉPARATION

La salade de lentilles

1. Mettre le persil dans le bol et hacher **5 sec/vitesse 7**. Transvaser dans un récipient et réserver.
2. Sans laver le bol, y mettre les lentilles, l'eau, la gousse d'ail et le sel, puis cuire **35 min/100°C/⟲/vitesse 1**.
3. A la sonnerie, retirer la gousse d'ail, égoutter les lentilles dans le panier cuisson puis les passer rapidement sous un filet d'eau froide pour en stopper la cuisson. Transvaser dans un saladier égoutter et réserver au frais.

L'assaisonnement

4. Mettre l'échalote et l'oignon rouge dans le bol et hacher **5 sec/vitesse 5**.
5. Ajouter la moutarde, le sel, le poivre, le vinaigre, l'huile d'olive et le persil réservé, puis mélanger **30 sec/vitesse 4**.
6. Ajouter la vinaigrette aux lentilles refroidies et mélanger à l'aide de la spatule. Réserver au frais jusqu'au moment de servir.

CONSEIL(S)

- Ajoutez à cette salade de petits germes de légumes : par exemple alfala, petits pois, betteraves rouges, ail, tournesol, coriandre, fenouil…

Préparation : 10 min
Temps total : 50 min

4 portions

Facile

Valeurs nutritionnelles par portion :
989 kJ / 235 kcal / Protides 12 g / Glucides 27 g / Lipides 8 g

INFORMATION(S)

- L'une des premières légumineuses à avoir été domestiquée, la **lentille** est aussi l'une des plus digestes, et plus rapide à préparer. Elle serait originaire du croissant fertile entre Tigre et Euphrate.
- Ses usages sont multiples : en soupe, refroidie en salade, au four, en ragout végétarien, dans les crêpes indiennes "dosas" (mélange de lentilles et de riz fermenté) ou en farine pour épaissir potages et sauces.
- La **lentille verte du Puy** est une spécialité du Puy-en-Velay qui bénéficie d'une AOC (Appellation d'Origine Contrôlée) depuis 1996, et d'une AOP (Appellation d'Origine Protégée) depuis 2008.

SALADE DE BOULGOUR AU FENOUIL ET À L'ORANGE

INGRÉDIENTS

La sauce

1 orange, zeste et jus
1 citron jaune, zeste et jus
1 c. à café de sucre
1 étoile de badiane
1 pincée de cannelle en poudre
6 graines de coriandre
2 c. à café de vinaigre balsamique
4 c. à soupe d'huile d'olive
½ c. à café de sel
poivre, à discrétion

La salade

110 g d'eau
2 pincées de sel
30 g de boulgour
300 g de fenouil
60 g d'oignon rouge
1 orange

USTENSILE(S)

mandoline

PRÉPARATION

La sauce

1. Prélever le zeste de l'orange et du citron sans la peau blanche, les mettre dans le bol et râper **10 sec/vitesse 7**. Racler les parois du bol à l'aide de la spatule.
2. Ajouter le jus de l'orange et du citron, le sucre, la badiane, la cannelle et les graines de coriandre, puis chauffer **10 min/100°C/↺/vitesse 🥄**, sans le gobelet doseur.
3. Retirer l'étoile de badiane et les graines de coriandre. Ajouter le vinaigre balsamique, l'huile d'olive, le sel et le poivre, et mélanger **20 sec/vitesse 4**. Transvaser dans un récipient et laisser refroidir.

La salade

4. Sans laver le bol, y mettre l'eau et le sel, et chauffer **3 min/100°C/ vitesse 🥄**.
5. Ajouter le boulgour et cuire **6 min/100°C/↺/vitesse 🥄**. A la sonnerie, le laisser dans le bol fermé pendant 5 minutes pour qu'il finisse de cuire. Transvaser dans un récipient et laisser refroidir.
6. Couper très finement le fenouil à l'aide d'une mandoline et le réserver dans un saladier. Emincer finement l'oignon rouge et le réserver avec le fenouil. Prélever les suprêmes de l'orange, égrainer le boulgour refroidi à la fourchette, y ajouter les suprêmes d'orange et réserver au frais.
7. Au moment de servir, ajouter la sauce et mélanger à l'aide de la spatule. Servir frais.

Préparation : 15 min
Temps total : 35 min

6 portions

Facile

Valeurs nutritionnelles par portion :
742 kJ / 179 kcal / Protides 2 g / Glucides 11 g / Lipides 14 g

INFORMATION(S)

- Le **fenouil** est un légume à la saveur anisée dont on mange surtout le bulbe. Compagnon incontournable du poisson et des fruits de mer, il est une source de vitamine C. On aurait avantage à consommer plus souvent ses feuilles qui renferment des substances antioxydantes dont le pouvoir serait semblable à celui de fines herbes telles que laurier, romarin, basilic, thym et origan.

SALADE DE BLÉ AUX PETITS LÉGUMES

INGRÉDIENTS

150 g de carottes nouvelles, coupées en morceaux
100 g d'oignons rouges, coupés en deux
800 g d'eau
1½ c. à café de sel
150 g de blé à cuisson rapide (type Ebly)
150 g de brocoli, détaillé en petits bouquets
80 g de haricots verts frais, coupés en tronçons de 3 cm
180 g de feta, coupée en dés
4 c. à café de jus de citron
5 c. à soupe d'huile d'olive
1 pincée de poivre, à ajuster en fonction des goûts
12 olives noires dénoyautées, coupées en rondelles
1 c. à soupe de persil frais, finement ciselé ou de ciboulette fraîche, finement ciselée

PRÉPARATION

1. Mettre les morceaux de carotte dans le bol et râper **5 sec/vitesse 5**. Transvaser dans un récipient et réserver.
2. Sans rincer le bol, y mettre l'oignon rouge et hacher **5 sec/vitesse 4**. Transvaser dans un récipient et réserver.
3. Mettre 400 g d'eau et une c. à café de sel dans le bol, et chauffer **4 min/100°C/vitesse 🥄**.
4. Ajouter le blé et cuire **5 min/90°C/⟲/vitesse 🥄**.
5. Ajouter les carottes râpées et cuire **5 min/90°C/⟲/vitesse 🥄**. Egoutter la préparation dans un saladier et laisser refroidir.
6. Mettre les 400 g d'eau restants dans le bol, mettre les bouquets de brocoli et les tronçons de haricot vert dans le panier cuisson. Insérer ce dernier et cuire à la vapeur **11 min/Varoma/vitesse 1**. Les légumes doivent rester légèrement croquants. Les ajouter au mélange à base de blé. Ajouter les dés de feta et l'oignon haché et réserver. Rincer rapidement le bol pour le refroidir.
7. Mettre le jus de citron, l'huile d'olive, le sel et le poivre dans le bol, et mélanger **15 sec/vitesse 4**.
8. Ajouter les rondelles d'olive noire et mélanger délicatement **5 sec/⟲/vitesse 3**.
9. Verser la sauce dans le saladier, mélanger délicatement à l'aide de la spatule et réfrigérer jusqu'au moment de servir. Déguster bien frais, parsemé de persil ou de ciboulette finement ciselé.

Préparation : 15 min
Temps total : 35 min

4 portions

Facile

Valeurs nutritionnelles par portion :
2219 kJ / 534 kcal / Protides 14 g / Glucides 36 g / Lipides 28 g

INFORMATION(S)

- Le blé est une des trois céréales de base mondiales (avec riz et maïs), cultivée depuis l'Antiquité au Moyen Orient, en Europe et autour du bassin méditerranéen. A partir de ses grains moulus, on obtient la farine et tous ses dérivés (pain, crêpes, pâtes, gâteaux...), ainsi que ses formes granuleuses (semoule de couscous, le boulgour, ou le blé précuit).
- Découvrez d'autres céréales : riz, sarrasin, orge, seigle, avoine, millet, maïs, kamut, épeautre, sorgho et d'autres graines (quinoa, amarante...). Vous les trouverez facilement en magasin Bio, en grains entiers, semoule, farine, flocons... avec l'avantage de les avoir "complètes", donc plus nutritives, grâce au germe et au son qui contiennent une liste impressionnante de minéraux, oligo-éléments et vitamines.

FÈVES, PETITS POIS ET POIRES AUX ÉPICES DOUCES

INGRÉDIENTS

1000 g d'eau
300 g de petits pois frais, écossés
300 g de fèves fraîches
2 c. à soupe de miel
2 poires, bien mûres, coupées en dés
2 pincées de sel
poivre, à discrétion
2 pincées de cannelle en poudre
2 pincées de gingembre en poudre
1 pincée de muscade fraîchement râpée
2 pincées de paprika doux en poudre

PRÉPARATION

1. Mettre l'eau dans le bol et chauffer **8 min/100°C/vitesse 🥄**.
2. Mettre les petits pois dans le bol et les fèves dans le panier cuisson, insérer le panier cuisson, puis cuire **8 min/100°C/↺/vitesse 🥄**.
3. En fin de cuisson, passer les fèves sous l'eau froide pour en stopper la cuisson, les égoutter et les transvaser dans un récipient. Transvaser les petits pois dans le panier cuisson, les passer sous un filet d'eau froide et les laisser égoutter. Pendant ce temps, ôter la peau des fèves. Vider le contenu du bol. Transvaser les petits pois égouttés avec les fèves et réserver.
4. Mettre le miel et les dés de poire dans le bol, et compoter **3 min/100°C/↺/vitesse 🥄**. Il doit rester des morceaux de poire.
5. Ajouter le sel, le poivre, la cannelle, le gingembre, la muscade et le paprika au mélange petit pois-fève, et mélanger soigneusement à l'aide de la spatule. Réfrigérer pour servir cette salade bien fraîche.

VARIANTE(S)

- Vous pouvez également servir ce plat chaud. Dans ce cas, à la fin de l'étape 4, ajouter les petits pois, les fèves et l'ensemble des épices, puis réchauffer **2 min/100°C/↺/vitesse 🥄**. Servir aussitôt.

Préparation : 30 min
Temps total : 1 h

4 portions

Facile

Valeurs nutritionnelles par portion :
718 kJ / 170 kcal / Protides 9 g / Glucides 32 g / Lipides 1 g

INFORMATION(S)

- Le **petit pois** et la **fève** sont ici la version fraîche des légumes secs dont ils auront les propriétés. Consommés crus, les taux de vitamines C, B1, B2 et B3 seront plus importants.

FLAN DE RICOTTA AUX POUSSES D'ÉPINARD ET PISTACHES

INGRÉDIENTS

30 g de parmesan
30 g de pistaches, décortiquées et non salées
15 g d'huile d'olive
130 g d'épinards frais
180 g de ricotta
1 œuf
60 g de crème fraîche liquide 35% m.g.
1 pincée de muscade en poudre
2 pincées de sel
poivre, à discrétion

USTENSILE(S)

4 moules à muffin

PRÉPARATION

1. Préchauffer le four à 180°C (Th. 6).
2. Mettre le parmesan dans le bol et râper **5 sec/vitesse** 7. Transvaser dans un récipient et réserver.
3. Mettre les pistaches dans le bol, donner **2 impulsions de turbot**, transvaser dans un récipient puis réserver.
4. Mettre l'huile d'olive et les épinards frais dans le bol, et faire revenir **5 min/100°C/vitesse** ⟡. Transvaser dans le Varoma et laisser égoutter en pressant de temps en temps à l'aide de la spatule.
5. Mettre la ricotta, l'œuf, la crème fraîche, la muscade, le parmesan râpé, le sel et le poivre dans le bol, et mixer **30 sec/vitesse 4**.
6. Ajouter les pistaches et les épinards bien égouttés, et mélanger **10 sec/⟲/vitesse 2**.
7. Répartir la préparation dans des moules à muffins et enfourner 20 minutes. Déguster tièdes ou froids.

CONSEIL(S)

- Accompagnez ces flans d'une salade verte ou de tomates et graines germées.

VARIANTE(S)

- Pour une saveur plus acidulée, ajoutez des dés de tomate séchée.

Préparation : 10 min
Temps total : 40 min

4 portions

Facile

Valeurs nutritionnelles par portion :
1061 kJ / 255 kcal / Protides 11 g / Glucides 4 g / Lipides 21 g

INFORMATION(S)

- Les **graines germées** sont une mine nutritionnelle : crues et hautement physiologiques, elles ont un effet alcalinisant (anti-acide), énergétisantes, rééquilibrent la flore intestinale, et sont savoureuses autant que décoratives. Le processus de germination améliore les qualités nutritionnelles, par rapport à la graine sèche ou après cuisson : meilleure digestibilité, multiplication jusqu'à 10 des taux de vitamines B, augmentation de la biodisponibilité du fer et du zinc (par diminution des taux de phytates)… On notera que c'est une des rares sources végétales de vitamine B12.

CHEESECAKE SALÉ AUX POIVRONS

INGRÉDIENTS

50 g de graines de courge
100 g de crackers
80 g de beurre
30 g de chapelure
1 poivron rouge, coupé en morceaux
1 c. à soupe d'huile d'olive
1 gousse d'ail
3 œufs
1 bouquet de ciboulette, ciselée
200 g de fromage de brebis frais
sel, à discrétion
poivre, à discrétion

USTENSILE(S)

moule à manqué rond à charnière (Ø 20 cm)

PRÉPARATION

1. Préchauffer le four à 180°C (Th. 6).
2. Mettre les graines de courge dans le bol et mixer **3 sec/vitesse 7**.
3. Ajouter les crackers, le beurre et la chapelure, puis mixer **5 sec/vitesse 5**. Etaler cette préparation dans le fond d'un moule à manqué à fond amovible et tasser avec le dos d'une cuillère.
4. Mettre les morceaux de poivron rouge dans le bol, ajouter l'huile d'olive et rissoler **5 min/Varoma/vitesse** ⟲, sans le gobelet doseur. Transvaser dans un récipient et réserver.
5. Mettre la gousse d'ail dans le bol et hacher **5 sec/vitesse 5**. Racler les parois du bol à l'aide de la spatule.
6. Ajouter les œufs, la ciboulette ciselée, le fromage de brebis, le sel et le poivre, et mixer **10 sec/vitesse 4**.
7. Ajouter le poivron et mélanger **10 sec/⟲/vitesse 3**.
8. Verser la préparation dans le moule et enfourner 30 minutes. Servir chaud, accompagné par exemple d'une salade verte.

SUGGESTION D'ACCORD METS/VIN

- Un vin blanc de Loire type Sancerre.

Préparation : 10 min
Temps total : 50 min

6 portions

Facile

Valeurs nutritionnelles par portion :
1367 kJ / 427 kcal / Protides 15 g / Glucides 18 g / Lipides 33 g

TERRINE ÉPINARDS BROCOLIS

INGRÉDIENTS

600 g d'eau
200 g de brocoli, détaillé en petits bouquets
500 g d'épinards frais, lavés et équeutés
80 g de crème liquide entière ou de crème liquide allégée
5 g d'agar-agar (2 c. à café bombées)
100 g de feta, coupée en dés
100 g de fromage de chèvre frais (type "Petit Billy®"), coupé en dés
1 c. à café de sel
1 pincée de poivre
1 c. à soupe d'huile d'olive, pour la terrine

USTENSILE(S)

pinceau de cuisine
film alimentaire
terrine ou moule à cake

PRÉPARATION

1. Mettre l'eau dans le bol et les bouquets de brocoli dans le panier cuisson, insérer ce dernier. Mettre les épinards dans le Varoma, mettre en place ce dernier et cuire à la vapeur **25 min/Varoma/vitesse 1**. A la sonnerie, vider le bol et réserver les légumes.
2. Mettre la crème liquide et l'agar-agar dans le bol, et chauffer **3 min/100°C/vitesse 3**.
3. Ajouter les dés de feta et le fromage de chèvre, et mélanger **50 sec/vitesse 3**.
4. Ajouter les bouquets de brocoli, les épinards, le sel et le poivre, et mélanger **30 sec/↺/vitesse 3**.
5. Huiler légèrement la terrine à l'aide d'un pinceau alimentaire. Y verser la préparation, couvrir de film alimentaire et réfrigérer 4 heures minimum.
6. Démouler froid et déguster accompagné par exemple d'une salade de jeunes pousses.

Préparation : 20 min
Temps total : 4 h 45 min

4 portions

Facile

Valeurs nutritionnelles par portion :
1010 kJ / 243 kcal / Protides 11 g / Glucides 6 g / Lipides 20 g

INFORMATION(S)

- L'**épinard** est un légume de choix pour qui veut une alimentation saine, nutritive et colorée. Il permet de couvrir une bonne partie, ou la totalité, des besoins en vitamine A, B9, C, ainsi que des minéraux (fer, magnésium, zinc, cuivre, sélénium…).
- Concoctez-vous un cocktail santé riche en chlorophylle et vitamines intactes en savourant crus, en "smoothie" : épinard + avocat + tomate + poivron + citron + coriandre.

TERRINE DE CHÈVRE AUX OLIVES

INGRÉDIENTS

50 g d'olives noires, dénoyautées
150 g de tomates cerise
50 g d'olives vertes, dénoyautées
1 bouquet de ciboulette fraîche, coupée en tronçons
2 feuilles de gélatine et un bol d'eau froide
2 c. à soupe de crème fraîche épaisse 35% m.g.
300 g de fromage de chèvre en bûche, coupé en morceaux
250 g de ricotta
15 g d'huile d'olive
le jus d'un ½ citron jaune
4 tranches de pain de seigle

USTENSILE(S)

moule à cake (long. 25 cm)
film alimentaire

PRÉPARATION

1. Tapisser un moule à cake (long. 25 cm) de film alimentaire et réserver.
2. Mettre les olives noires et les tomates cerise dans le bol, et mixer **5 sec/vitesse 5**. Transvaser dans un récipient et réserver.
3. Mettre les olives vertes et la ciboulette dans le bol, et mixer **5 sec/vitesse 5**. Transvaser dans un récipient et réserver.
4. Mettre les feuilles de gélatine à ramollir dans un récipient d'eau froide.
5. Mettre la crème fraîche dans le bol et chauffer **2 min/70°C/vitesse 1**.
6. Ajouter la gélatine bien essorée et mélanger **20 sec/vitesse 3**.
7. Ajouter les morceaux de fromage de chèvre, la ricotta, l'huile d'olive et le jus de citron, et mixer **40 sec/vitesse 4**.
8. Mélanger la moitié de cette préparation au mélange olive noire-tomate cerise et en tapisser le fond du moule. Mélanger l'autre moitié au mélange olive verte-ciboulette et en couvrir la première couche. Couvrir avec les tranches de pain de seigle et bien tasser à l'aide du dos d'une cuillère. Refermer le film alimentaire et laisser prendre au frais pendant 3 heures minimum. Démouler froid avant de déguster frais et tranché.

Préparation : 15 min
Temps total : 25 min

8 portions

Facile

Valeurs nutritionnelles par portion :
1169 kJ / 280 kcal / Protides 14 g / Glucides 13 g / Lipides 19 g

TERRINE FROMAGÈRE DE POLENTA AUX POIREAUX

INGRÉDIENTS

1 gros poireau
130 g de petits oignons nouveaux ou de cives
2 c. à soupe bombées de menthe fraîche, finement ciselée
120 g de feta, coupée en dés
150 g de faisselle
1½ c. à café de sel
poivre, à discrétion
150 g de crème liquide 30% m.g.
5 g d'agar-agar
1000 g d'eau
150 g de farine de maïs (polenta)
25 g de beurre
10 g d'huile d'olive, pour le moule
30 g de parmesan râpé

USTENSILE(S)

moule à cake

PRÉPARATION

1. Laver le poireau et en séparer les feuilles pour obtenir de grandes lanières. Les mettre à plat dans le Varoma. Mettre 500 g d'eau dans le bol, mettre le Varoma en place et cuire à la vapeur **15 min/Varoma/vitesse 1**. Laisser égoutter et refroidir. Laver et essuyer le bol.
2. Mettre les oignons nouveaux, sans la partie verte la plus tendre, et les feuilles de menthe dans le bol, et mixer **8 sec/vitesse 6**. Racler les parois du bol à l'aide de la spatule.
3. Ajouter les dés de feta, la faisselle, 1 pincée de sel et un peu de poivre, et mélanger **40 sec/vitesse 3**. Transvaser dans un récipient et réserver.
4. Sans rincer le bol, y verser la crème liquide et l'agar-agar, et chauffer **4 min 30 sec/100°C/vitesse 2**, sans le gobelet doseur. Ajouter ce mélange à la préparation précédente et mélanger à l'aide de la spatule. Réserver. Rincer le bol.
5. Mettre 500 g d'eau, 1 c. à café de sel et 1 pincée de poivre dans le bol, et chauffer **5 min/Varoma/vitesse 1**.
6. **Insérer le fouet** et fouetter **3 min/80°C/vitesse 2,5**, en ajoutant le beurre, puis la polenta en pluie par l'orifice du couvercle sur les couteaux en marche.
7. Tapisser un moule à cake avec les feuilles de poireau égouttées, en les laissant déborder sur les côtés. Les saupoudrer de parmesan râpé. Ajouter une couche régulière de polenta, puis une couche de préparation au fromage. Renouveler l'opération jusqu'à épuisement des ingrédients en terminant par une couche de polenta. Rabattre les feuilles de poireau et laisser prendre au réfrigérateur pendant 5 heures.
8. Démouler la terrine sur un plat de service, découper délicatement en tranches avant de servir frais, éventuellement sur un lit de salade verte et garnie de tomates cerise.

CONSEIL(S)

- Pour éviter que la polenta ne refroidisse et ne rende le montage de la terrine difficile, il est important de monter la terrine rapidement après la cuisson de celle-ci.

Préparation : 30 min
Temps total : 5 h 30 min

4 portions

Facile

Valeurs nutritionnelles par portion :
2043 kJ / 498 kcal / Protides 14 g / Glucides 37 g / Lipides 32 g

CROUSTILLANT MÉDITERRANÉEN

INGRÉDIENTS

100 g de parmesan
450 g d'eau
400 g de poivrons rouges, épépinés et coupés en lanières
200 g de pousses d'épinards frais
200 g de roquette fraîche
300 g de champignons de Paris, coupés en quatre ou en six
2 pincées de sel
poivre, à discrétion
250 g de noix de cajou grillées, non salées
80 g de mie de pain
2 gousses d'ail
1 cube de bouillon de légumes 100% végétal
200 g de fromage de chèvre frais, émietté
7 feuilles de pâte filo
3 c. à soupe d'huile de colza

USTENSILE(S)

moule à cake
plaque de four
papier cuisson
pinceau de cuisine

PRÉPARATION

1. Préchauffer le four à 180°C (Th. 6). Tapisser un moule à cake de film alimentaire et une plaque de four de papier cuisson et réserver.
2. Mettre le parmesan dans le bol et râper **5 sec/vitesse 10**. Transvaser dans un récipient et réserver.
3. Mettre 400 g d'eau dans le bol, et les lanières de poivron dans le panier cuisson. Insérer ce dernier. Mettre une grande partie des épinards dans le Varoma et le reste sur le plateau vapeur, insérer celui-ci, mettre en place l'ensemble Varoma, puis cuire à la vapeur **10 min/Varoma/vitesse 2**. A la sonnerie, mettre les morceaux de poivron dans un sac en plastique, fermer le sac et réserver. Egoutter les épinards, saler, poivrer et réserver. Eplucher les poivrons froids, et réserver.
4. Mettre les champignons dans le bol et cuire **5 min/Varoma/vitesse 1**. Vider le bol, le laver et l'essuyer.
5. Mettre les noix de cajou et la mie de pain dans le bol, et mixer **10 sec/vitesse 8**.
6. Ajouter le parmesan râpé, les gousses d'ail, le cube de bouillon de légumes végétal émietté et le reste d'eau, et mixer **10 sec/vitesse 6**. Transvaser la moitié de cette préparation dans le moule à cake préparé. Ajouter la moitié des champignons et tasser à l'aide de la spatule. Ajouter les lanières de poivron, la moitié des épinards et le fromage de chèvre. Couvrir avec le reste d'épinard, puis avec le reste de poivron. Ajouter le reste de la préparation au parmesan et terminer par le reste de champignons. Tasser à l'aide de la spatule.
7. Disposer 6 feuilles de filo sur un plan de travail, en les chevauchant de manière à former une surface suffisamment grande pour envelopper le cake. Badigeonner ces feuilles d'huile de colza à l'aide d'un pinceau alimentaire, puis démouler la farce au centre des feuilles de filo. Rabattre ces dernières une à une de manière à maintenir la forme du cake. Envelopper le tout avec la dernière feuille de filo préalablement huilée et poser le croustillant sur la plaque de four préparée, côté fermé vers le bas.
8. Enfourner 20-30 minutes, ou jusqu'à ce que le feuilleté soit bien doré. Servir chaud.

CONSEIL(S)

- Mangez ce plat de préférence chaud. Froid, il reste bon mais perd son croustillant.

Préparation : 30 min
Temps total : 1 h 15 min

8 portions

Difficile

Valeurs nutritionnelles par portion :
1675 kJ / 403 kcal / Protides 16 g / Glucides 20 g / Lipides 29 g

SOUFFLÉ AUX ÉPINARDS ET DEUX FROMAGES

INGRÉDIENTS

50 g de parmesan, coupé en morceaux
20 g de beurre
200 g d'épinards frais
40 g de fromage de chèvre frais (type Petit Billy®)
200 g de fromage blanc 20% m.g.
4 c. à soupe rases de fécule de maïs
2 pincées de sel
2 pincées de poivre
6 feuilles de basilic frais
4 œufs, blancs et jaunes séparés

USTENSILE(S)

4 moules à soufflé individuels en céramique

PRÉPARATION

1. Préchauffer le four à 200°C (Th. 7-8). Beurrer quatre moules à soufflé individuels et réserver.
2. Mettre le parmesan dans le bol et mixer **10-15 sec/vitesse 10**. Transvaser dans un récipient et réserver.
3. Mettre le beurre dans le bol et faire fondre **1 min 30 sec/90°C/vitesse 🥄**, sans le gobelet doseur.
4. Ajouter les épinards et faire revenir **3 min/100°C/vitesse 1**.
5. A la sonnerie, ajouter le fromage de chèvre frais en morceaux, le fromage blanc, la fécule de maïs, le sel, le poivre et les feuilles de basilic, et mixer **30 sec/vitesse 5**. Racler les parois du bol à l'aide de la spatule.
6. Ajouter les jaunes d'œufs et mélanger **10 sec/vitesse 4**. Transvaser dans un récipient et réserver. Laver et essuyer soigneusement le bol.
7. Mettre les blancs d'œufs dans le bol, donner **2 impulsions de turbo** pour "casser" les blancs. **Insérer le fouet** et fouetter **2-3 min/vitesse 3,5**. Incorporer délicatement à la préparation à l'aide de la spatule.
8. Remplir les moules préparés au 3/4 de cette préparation et enfourner 20 minutes à 200°C. Servir immédiatement pour éviter que les soufflés ne retombent.

CONSEIL(S)

- Préférez un chèvre frais doux à un trop fort en goût.
- Le soufflé ne se réchauffe pas et n'attend pas les convives.

Préparation : 5 min
Temps total : 30 min

4 portions

Facile

Valeurs nutritionnelles par portion :
971 kJ / 233 kcal / Protides 15 g / Glucides 6 g / Lipides 16 g

VARIANTE(S)

- Les fromages étant très doux, n'hésitez pas à relever le plat avec aromates, herbes et épices de votre choix.

GAUFRES AU BLÉ NOIR ET PETITS LÉGUMES

INGRÉDIENTS

Les gaufres
300 g de lait demi-écrémé
1 sachet de levure boulangère déshydratée
30 g de beurre doux
2 œufs
200 g de farine de sarrasin
50 g de fécule de maïs
1 c. à café de sel

La garniture
200 g de courgettes
50 g d'oignon
10 g d'huile d'olive
100 g de poivron rouge, coupé en dés
poivre, à discrétion
200 g de fromage de chèvre frais, détaillé en lamelles
8 tomates cerise, jaunes
8 tomates cerise, rouges
8 brins de ciboulette fraîche

USTENSILE(S)

gaufrier

PRÉPARATION

Les gaufres

1. Mettre le lait dans le bol et chauffer **4 min/50°C/vitesse 🥄**.
2. Ajouter la levure et mélanger **20 sec/vitesse 2**. Laisser reposer 5 minutes.
3. Ajouter le beurre en morceaux, les œufs, la farine de blé noir, la fécule de maïs et le sel, et mélanger **20 sec/vitesse 4**. Laisser la pâte reposer une heure dans le bol pour lui permettre de doubler de volume.
4. Mixer **3 sec/vitesse 4** pour évacuer l'air de la pâte.
5. Mettre un gaufrier à chauffer, le huiler légèrement à l'aide d'un chiffon gras. Verser une louche de pâte et laisser cuire 5-6 minutes pour obtenir des gaufres dorées et croustillantes. Renouveler l'opération jusqu'à épuisement de la pâte. Laver et sécher le bol.

La garniture

6. Mettre les courgettes dans le bol et râper **2 sec/vitesse 5**. Transvaser dans un récipient et réserver.
7. Mettre les oignons dans le bol et hacher **5 sec/vitesse 5**.
8. Ajouter l'huile d'olive et faire revenir **5 min/100°C/vitesse 1**.
9. Ajouter les dés de poivron et cuire **5 min/100°C/↺/vitesse 1**.
10. Ajouter la courgette, le sel et le poivre, et cuire **2 min/100°C/↺/vitesse 1**. Egoutter cette préparation à l'aide du panier cuisson.
11. Disposer quelques lamelles de fromage de chèvre sur chaque gaufre, répartir dessus les légumes égouttés, ajouter une tomate cerise jaune et une tomate cerise rouge coupées en quatre, et terminer par quelques brins de ciboulette. Servir sans trop attendre pour éviter que les gaufres ne ramollissent.

CONSEIL(S)

- Si vous faites vos gaufres à l'avance, réservez-les dans une boîte hermétique pour qu'elles restent bien croustillantes.

Préparation : 30 min
Temps total : 2 h

8

8 portions

Facile

Valeurs nutritionnelles par portion :
951 kJ / 225 kcal / Protides 9 g / Glucides 27 g / Lipides 9 g

VARIANTE(S)

- Remplacez le fromage de chèvre par un fromage de brebis.
- Pour une touche de fraîcheur supplémentaire, ajoutez un peu de menthe finement ciselée.

PLATS PRINCIPAUX

Saviez-vous que les amandes contiennent autant de protéines que la viande, soit 19 g pour 100 g ?
Et que l'on trouve des protéines dans les champignons, les pois chiches, le tofu, les orties, les châtaignes...
Retrouvez tous ces atouts dans le tofu façon grand-mère ou le pilaf de riz aux fruits secs...

TARTE AUX ÉPINARDS ET CITRON CONFIT

INGRÉDIENTS

La pâte brisée au fenouil

½ c. à café de graines de fenouil
150 g de farine
75 g de beurre
1 pincée de sel
50 g d'eau

La garniture

30 g de beurre
300 g d'épinards frais, coupés en chiffonnade
200 g de crème fraîche 15% m.g.
2 jaunes d'œufs
sel, à discrétion
poivre, à discrétion
500 g d'eau
1 zeste de citron, coupé en fines lamelles
35 g de sucre

USTENSILE(S)

moule à tarte (ou 4 moules à tartelettes)
haricots secs pour la pré-cuisson

PRÉPARATION

La pâte brisée au fenouil

1. Préchauffer le four à 180°C (Th. 6).
2. Mettre les graines de fenouil dans le bol et mixer **10 sec/vitesse 10**.
3. Ajouter la farine, le beurre et le sel, puis donner **⊔/2-3 impulsions de turbot**.
4. Ajouter l'eau et pétrir **1 min/⊔/↟**, puis mixer **10 sec/↺/vitesse 2** pour décoller la pâte du bol.
5. Etaler la pâte dans un moule à tarte, garnir le fond de haricots secs, enfourner et cuire à blanc 10 minutes. Réserver.

La garniture

6. Mettre le beurre et les épinards dans le bol, et faire fondre **5 min/100°C/↺/vitesse 1**.
7. En fin de cuisson, égoutter les épinards, les disposer sur le fond de tarte précuit et réserver.
8. Mettre la crème fraîche, les jaunes d'œufs, le sel et le poivre dans le bol, et mélanger **20 sec/vitesse 4**. Verser sur les épinards et enfourner 20 minutes.
9. Pendant ce temps, mettre 250 g d'eau et le zeste de citron sans la peau blanche dans le bol, et chauffer **5 min/100°C/↺/vitesse ⤳**.
10. A la sonnerie, égoutter les zestes, vider l'eau, remettre les zestes dans le bol avec le reste d'eau et le sucre, et confire **15 min/90°C/↺/vitesse 1**. Egoutter et réserver.
11. Servir la tarte chaude, parsemée de lamelles de citron confit.

Préparation : 20 min
Temps total : 1 h 15 min

4 portions

Facile

Valeurs nutritionnelles par portion :
2123 kJ / 509 kcal / Protides 9 g / Glucides 38 g / Lipides 35 g

LASAGNES AUX LÉGUMES ANCIENS

INGRÉDIENTS

80 g d'emmental
2 tranches de pain de mie complet, toastées et en morceaux
1 citron jaune, bio de préférence, zeste et jus
40 g d'huile d'olive
30 g d'échalote, coupée en deux
300 g de topinambours, épluchés et coupés en dés (1 cm env.)
200 g de panais, épluchés et coupés en dés (1 cm env.)
150 g de rutabagas, épluchés et coupés en dés (1 cm env.)
300 g d'eau
1 c. à café de sel
400 g de crème liquide 35% m.g.
100 g de lait demi-écrémé
poivre, à discrétion
6 feuilles de lasagne fraîche
100 g de bleu des Causses, coupé en fines lamelles
10 g de beurre, pour le moule

USTENSILE(S)

grille-pain (ou gril)
fouet
plat à gratin
papier cuisson

PRÉPARATION

1. Mettre l'emmental dans le bol et râper **10 sec/vitesse 10**. Transvaser dans un récipient et réserver.
2. Mettre le pain de mie et le zeste de citron dans le bol, et mixer **8 sec/vitesse 8**.
3. Ajouter 20 g d'huile d'olive et mélanger **8 sec/vitesse 3**. Transvaser dans un récipient et réserver.
4. Mettre l'échalote dans le bol et hacher **6 sec/vitesse 5**. Racler les parois du bol à l'aide de la spatule.
5. Ajouter le reste d'huile d'olive et rissoler **4 min/Varoma/vitesse 1**, sans le gobelet doseur.
6. A la sonnerie, ajouter les dés de topinambour, de panais et de rutabaga, l'eau et une pincée de sel, puis cuire **20 min/100°C/↺/vitesse 🥄**.
7. Pendant ce temps, mettre la crème liquide et le jus de citron dans un récipient et fouetter très légèrement à l'aide d'un fouet. Lorsque le mélange épaissit un peu, ajouter le lait, une pincée de sel et de poivre, et fouetter à nouveau. Réserver.
8. Préchauffer le four à 180°C (Th. 6). Beurrer légèrement le plat à gratin et réserver.
9. A la sonnerie, vérifier la cuisson des légumes, les égoutter à l'aide du panier cuisson et réserver.
10. Verser la moitié du mélange crème-lait dans le plat à gratin. Couvrir toute la surface du plat avec 3 feuilles de lasagne. Répartir les légumes égouttés dessus et disposer les lamelles de bleu des Causses. Ajouter une nouvelle couche de feuilles de lasagne, l'emmental râpé et le reste du mélange crème-lait. Pour terminer, parsemer le tout de chapelure citronnée.
11. Couvrir le plat de papier cuisson et enfourner 15 minutes. Au bout de ce temps, retirer le papier cuisson et prolonger la cuisson 15 minutes. Laisser reposer quelques minutes avant de servir chaud.

CONSEIL(S)

- A défaut de lasagnes fraîches, utilisez des lasagnes sèches. Dans ce cas, vérifiez si elles ont besoin d'une pré-cuisson ou non.

Préparation : 45 min
Temps total : 1 h 15 min

4

4 portions

Facile

Valeurs nutritionnelles par portion :
3517 kJ / 846 kcal / Protides 20 g / Glucides 51 g / Lipides 61 g

VARIANTE(S)

- Pour un goût en bleu moins prononcé, remplacez le bleu des Causses par un bleu de Bresse.

GRATINÉ DE CANNELLONI AU VERT

INGRÉDIENTS

40 g de parmesan
1 gousse d'ail
150 g d'oignons
20 g d'huile d'olive
500 g de coulis de tomate
2 branches de thym frais
1 feuille de laurier, fraîche
2 pincées de sel
poivre, à discrétion
400 g d'eau
450 g de poireau, émincé finement
350 g de brocoli, détaillé en petits bouquets
150 g de gorgonzola
200 g de crème fraîche 35% m.g.
250 g de cannelloni à garnir (env. 20 cannelloni)

USTENSILE(S)

plat à gratin (30 x 25 x 6 cm)

PRÉPARATION

1. Mettre le parmesan dans le bol et râper **5 sec/vitesse 5**. Transvaser dans un récipient et réserver.
2. Mettre l'ail et l'oignon dans le bol, et hacher **5 sec/vitesse 5**.
3. Ajouter l'huile et faire suer **5 min/100°C/vitesse 1**.
4. Ajouter le coulis de tomate, le thym, le laurier, le sel et le poivre, et cuire **15 min/90°C/⟲/vitesse 1**.
5. A la sonnerie, retirer le thym et le laurier, et mixer **15 sec/vitesse 10**. Transvaser dans un plat à gratin et réserver. Laver et essuyer le bol.
6. Mettre l'eau dans le bol, le poireau émincé dans le panier cuisson et le brocoli dans le Varoma, puis cuire **20 min/Varoma/vitesse 2**.
7. Préchauffer le four à 180°C (Th. 6).
8. A la sonnerie, vider l'eau du bol, égoutter les légumes, les transvaser dans un récipient et réserver.
9. Mettre le gorgonzola et la crème fraîche dans le bol, et chauffer **4 min/60°C/vitesse 1**, puis mixer **20 sec/vitesse 4**. Verser 1/3 de la crème et la moitié du parmesan sur les légumes, saler, poivrer, et mélanger le tout à la fourchette. Remplir les cannelloni de cette farce, les poser sur le coulis de tomate dans le plat à gratin, couvrir du reste de crème et de parmesan puis enfourner 30 minutes. Servir chaud.

Préparation : 30 min
Temps total : 1 h 30 min

6 portions

Facile

Valeurs nutritionnelles par portion :
1954 kJ / 466 kcal / Protides 17 g / Glucides 41 g / Lipides 26 g

INFORMATION(S)

- Les produits laitiers comprennent : les laits, yaourts, laits caillés, fromages frais, flans, et toute une variété de fromages, caractéristiques du paysage gastronomique français. Ce groupe apporte (surtout les fromages) : des protéines, des graisses (saturées), du calcium, phosphore, zinc, vitamines A, B2 et B12.

NOUILLES SOBA AUX LÉGUMES ET TOFU

INGRÉDIENTS

800 g d'eau
1 c. à café de miso en poudre
150 g de brocoli, détaillé en petits bouquets
150 g de chou romanesco, détaillé en petits bouquets
100 g de haricots verts frais, détaillés en tronçons de 3 cm
1 c. à soupe de graines de sésame, grillées à sec
150 g de nouilles soba brunes
100 g de mirin
80 g de sauce soja
150 g de tofu ferme, coupé en dés

USTENSILE(S)

poêle

PRÉPARATION

1. Mettre l'eau et le miso en poudre dans le bol. Mettre les bouquets de brocoli, les bouquets de chou romanesco et les tronçons de haricot vert dans le Varoma, mettre ce dernier en place et cuire **20 min/Varoma/vitesse 🥄**.
2. Pendant ce temps, griller les graines de sésame à sec dans une poêle. Transvaser dans un récipient et réserver. En fin de cuisson, retirer le Varoma et réserver les légumes au chaud.
3. Mettre les nouilles soba dans le bol et cuire **5 min/Varoma/↺/vitesse 🥄**.
4. Egoutter les nouilles à l'aide du panier cuisson en prenant soin de garder 200 g de bouillon de cuisson, et transvaser dans un plat de service.
   Ajouter le mirin, la sauce soja, les dés de tofu et les légumes, puis mélanger à l'aide de la spatule. Parsemer de graines de sésame et servir aussitôt.

CONSEIL(S)

- Hors saison, remplacez éventuellement les légumes frais par des légumes surgelés. Diminuez alors le temps de cuisson pour obtenir des légumes le plus croquant possible.

Préparation : 15 min
Temps total : 30 min

4 portions

Facile

Valeurs nutritionnelles par portion :
1307 kJ / 310 kcal / Protides 15 g / Glucides 42 g / Lipides 7 g

INFORMATION(S)

- Un autre plat traditionnel où les différents profils de protéines végétales se complètent (nouilles à base de farine de sarrasin + tofu).
- A base de farine de sarrasin, les nouilles **soba** sont, avec les **udon** et les **ramen**, les pâtes les plus consommées au Japon. On les trouve toutes faites dans les magasins asiatiques.
- Le **mirin** est une sorte de saké très doux utilisé comme assaisonnement dans les cuisines coréenne et japonaise. C'est un liquide jaune pâle à ambré, sirupeux et assez sucré, à degré alcoolique entre 11 et 18°. Il est fabriqué avec du riz gluant cuit, fermenté par un kōji additionné d'eau-de-vie. Il se conserve plusieurs années mais doit être stocké en lieu frais, à l'abri de la lumière.

NASI GORENG

INGRÉDIENTS

4 œufs
1 c. à café rase de sel
poivre, à discrétion
400 g d'eau
160 g de riz basmati
2 gousses d'ail
1 oignon rouge, coupé en deux
25-30 g de gingembre frais, à ajuster en fonction des goûts
2 échalotes
1 piment frais
10 g d'huile d'arachide
150 g de champignons de Paris frais, coupés en lamelles
1 poivron vert, coupé en lanières fines
1 poivron rouge, coupé en lanières fines
200 g de mini épis de maïs
80 g de pousses de soja
3 c. à soupe de sauce de soja
1 bouquet de coriandre fraîche, ciselée

USTENSILE(S)

papier cuisson

PRÉPARATION

1. Tapisser le plateau vapeur d'une feuille de papier cuisson préalablement passée sous l'eau, en veillant à laisser monter légèrement le papier sur les bords. Réserver.
2. Mettre les œufs, une pincée de sel et du poivre dans le bol, et mixer **10 sec/vitesse 4**. Transvaser le contenu du bol sur le plateau vapeur et réserver.
3. Sans rincer le bol, y mettre l'eau, peser le riz dans le panier cuisson, le rincer sous un filet d'eau froide, insérer le panier cuisson, mettre l'ensemble Varoma en place et cuire à la vapeur **15 min/Varoma/vitesse 2**.
4. A la sonnerie, retirer le Varoma et réserver. Prolonger la cuisson du riz **5 min/Varoma/vitesse 1**.
5. Retirer le panier cuisson et maintenir le riz au chaud. Vider le bol. Y mettre les gousses d'ail, l'oignon, le gingembre, les échalotes et le piment, et mixer **7 sec/vitesse 5**. Racler les parois du bol à l'aide de la spatule.
6. Ajouter l'huile d'arachide et rissoler **5 min/Varoma/vitesse 1**, sans le gobelet doseur.
7. Ajouter les lamelles de champignon, les lanières de poivron vert et de poivron rouge, les épis de maïs, sel et poivre, et rissoler à nouveau **5 min/Varoma/↺/vitesse 1**.
8. Ajouter les pousses de soja et la sauce soja, et cuire **7 min/100°C/↺/vitesse 1**.
9. Pendant ce temps, couper l'omelette en fines lamelles. Verser le riz dans le bol et le mélanger aux légumes **20 sec/↺/vitesse 3**. Servir aussitôt, parsemé de lamelles d'omelettes et de coriandre fraîche.

CONSEIL(S)

- Ajustez la quantité de gingembre à vos goûts.
- A défaut de gingembre frais, utilisez du gingembre en poudre. N'en mettez alors qu'une c. à café rase.

Préparation : 15 min
Temps total : 50 min

4 portions

Facile

Valeurs nutritionnelles par portion :
1532 kJ / 363 kcal / Protides 15 g / Glucides 52 g / Lipides 10 g

INFORMATION(S)

- Le **Nasi goreng** est un plat indonésien signifiant "riz frit". Sauté avec des légumes, il peut être agrémenté de morceaux de poulet, ou de divers autres ingrédients selon les régions : chips de crevettes à Bali, œuf frit sur l'île de Flores, ou avec des oignons frits séchés à Bornéo.

GRATIN DE LENTILLES CORAIL

INGRÉDIENTS
5 brins de persil plat, frais
600 g de tomates, coupées en quatre
180 g d'oignons, coupés en morceaux
3 gousses d'ail
2 c. à soupe d'huile d'olive
250 g de lentilles corail
500 g d'eau
300 g d'aubergines, coupées en rondelles
300 g de courgettes, coupées en rondelles
sel, à discrétion
poivre, à discrétion
80 g de gruyère râpé (facultatif)

USTENSILE(S)
plat à gratin

PRÉPARATION
1. Mettre le persil dans le bol et hacher **5 sec/vitesse 7**. Transvaser dans un récipient et réserver.
2. Mettre les tomates dans le bol et mixer **2 sec/vitesse 6**. Transvaser dans un récipient et réserver.
3. Mettre les oignons et les gousses d'ail dans le bol, et hacher **5 sec/vitesse 5**.
4. Ajouter l'huile et rissoler **2 min/100°C/vitesse 1**, sans le gobelet doseur.
5. Ajouter le concassé de tomate, les lentilles corail et l'eau, et cuire **5 min/Varoma/⟲/vitesse 🥄**.
6. Préchauffer le four à 160°C (Th. 5).
7. Mettre les aubergines dans le Varoma et les courgettes sur le plateau vapeur, saler et poivrer, puis cuire à la vapeur **10 min/Varoma/⟲/vitesse 🥄**.
8. Disposer une couche de lentilles dans le fond d'un plat à gratin, ajouter une couche d'aubergines, puis à nouveau des courgettes. Parsemer de persil, saler, poivrer et remettre une couche de lentilles. Renouveler l'opération jusqu'à épuisement des ingrédients. Saupoudrer de gruyère râpé et enfourner 45 minutes. Servir chaud.

CONSEIL(S)
- Si vous ne mettez pas de fromage, couvrez le plat de papier aluminium avant d'enfourner pour éviter aux légumes de se dessécher.

VARIANTE(S)
- Remplacez le gruyère par un autre fromage à pâte dure ou fondante.

Préparation : 15 min
Temps total : 1 h

6 portions

Facile

Valeurs nutritionnelles par portion :
1275 kJ / 300 kcal / Protides 17 g / Glucides 33 g / Lipides 11 g

INFORMATION(S)

- La **lentille corail** doit son nom à sa couleur rose orangé (quand elle est crue).
- Elle ne nécessite pas de trempage, cuit vite et facilement car elle est toujours vendue décortiquées. Elle est idéale en purée ou en soupe car elle s'écrase à la cuisson.

HACHIS DE LÉGUMES AU BOULGOUR

INGRÉDIENTS

50 g de parmesan, coupé en morceaux
500 g de patates douces, coupées en rondelles (1 cm env.)
200 g de carottes, coupées en tronçons
170 g de navets de printemps, coupés en deux
300 g de betteraves crues, coupées en cubes
1200 g d'eau
2 c. à café de sel
poivre, à discrétion
200 g de pousses d'épinards frais
200 g de boulgour
10 feuilles de basilic frais

USTENSILE(S)

plat à gratin (30 x 25 x 6 cm)
panier de cuisson

PRÉPARATION

1. Mettre le parmesan dans le bol et râper **15 sec/vitesse 10**. Transvaser dans un récipient et réserver.
2. Sans rincer le bol, y mettre les rondelles de patate douce coupées en quatre et mixer **5 sec/vitesse 5**. Transvaser dans le Varoma et réserver.
3. Mettre la carotte dans le bol et râper **3 sec/vitesse 5**. Transvaser dans le panier cuisson et réserver.
4. Mettre les navets dans le bol et râper **3 sec/vitesse 5**. Transvaser dans le panier cuisson avec les carottes.
5. Mettre les cubes de betterave dans le bol et râper **3 sec/vitesse 5**. Transvaser sur le plateau vapeur préalablement tapissé de papier cuisson pour éviter que la betterave ne colore les autres légumes. Insérer le plateau vapeur dans le Varoma.
6. Mettre 500 g d'eau dans le bol, insérer le panier cuisson, mettre en place l'ensemble Varoma, et cuire à la vapeur **25 min/Varoma/vitesse 2**.
7. A la sonnerie, retirer le Varoma. Transvaser les patates douces dans un récipient et réserver. Transvaser les betteraves dans le fond d'un plat à gratin, couvrir d'une couche de navet, puis d'une couche de carotte. Saler et poivrer. Réserver. Vider le bol.
8. Mettre le reste d'eau et 1 c. à café de sel dans le bol, mettre les épinards dans le Varoma, mettre le Varoma en place et cuire **5 min/Varoma/vitesse 1**.
9. Préchauffer le four à 160°C (Th. 5).
10. A la sonnerie, mettre le boulgour dans le bol, remettre le Varoma avec les épinards en place et cuire **8 min/100°C/vitesse 1**.
11. A la sonnerie, laisser le boulgour gonfler dans le bol pendant 5 minutes. Au bout de ce temps, égoutter à l'aide du panier cuisson et mélanger aux patates douces. Transvaser les épinards dans le plat à gratin, parsemer de feuilles de basilic ciselé et couvrir du mélange patate douce-boulgour. Laver et sécher le bol.
12. Saupoudrer la surface du gratin de parmesan râpé et enfourner 15 minutes. Servir chaud.

Préparation : 20 min
Temps total : 1 h 15 min

6 portions

Facile

Valeurs nutritionnelles par portion :
830 kJ / 197 kcal / Protides 7 g / Glucides 34 g / Lipides 3 g

INFORMATION(S)

- Le **boulgour** est issu du blé dur, débarrassé du son qui l'enveloppe, précuit à la vapeur, séché puis concassé. Il est très utilisé dans la cuisine des pays du Moyen-Orient, notamment dans la cuisine libanaise où il entre dans la composition du taboulé.
- Il a les mêmes valeurs alimentaires que les pâtes ou la semoule (autres sous-produits du blé dur). Riche en fer, phosphore, magnésium et vitamines, son intérêt principal réside dans sa richesse en glucide à index glycémique bas.

CRUMBLE STYLE INDIEN

INGRÉDIENTS

Les légumes
400 g d'eau
200 g de carottes, coupées en bâtonnets
150 g de petits pois, frais ou surgelés
200 g de poivrons rouges, coupés en cubes
250 g de chou-fleur, détaillé en petits bouquets
150 g de crème fleurette
160 g de fromage à tartiner (type "Vache qui rit®")
1-2 c. à café de curry en poudre
sel, à discrétion

Le crumble
150 g de farine
80 g de beurre
80 g de noix de cajou grillées, non salées

La sauce
200 g de yaourt à la Grecque
1 petit bouquet de coriandre fraîche
15 gouttes de jus de citron
sel, à discrétion

USTENSILE(S)

plat à gratin (30 x 25 x 6 cm)

PRÉPARATION

Les légumes

1. Mettre l'eau dans le bol, les bâtonnets de carotte, les petits pois et les cubes de poivron rouge dans le panier cuisson. Insérer ce dernier. Mettre les bouquets de chou-fleur dans le Varoma, mettre ce dernier en place et cuire à la vapeur **12 min/Varoma/vitesse 2**.
2. Préchauffer le four à 180°C (Th. 6).
3. A la sonnerie, retirer le panier cuisson et le Varoma, transvaser les légumes dans un plat à gratin et réserver.
4. Conserver 50 g d'eau de cuisson dans le bol, ajouter la crème fleurette, le fromage à tartiner, le curry en poudre et le sel, et mixer **10 sec/vitesse 5**. Verser cette préparation sur les légumes et réserver.

Le crumble

5. Mettre la farine, le beurre et les noix de cajou dans le bol, et mixer **20 sec/vitesse 4**.
6. Couvrir la préparation aux légumes de ce crumble et enfourner 30 minutes. Laver et sécher le bol.

La sauce

7. Pendant la cuisson, mettre le yaourt, la coriandre, le jus de citron et le sel dans le bol, et mixer **40 sec/vitesse 10**. Transvaser dans une saucière et réserver au frais jusqu'au moment de servir.
8. Déguster le crumble chaud ou tiède, accompagné de la sauce yaourt à la coriandre.

Préparation : 15 min
Temps total : 40 min

6 portions

Facile

Valeurs nutritionnelles par portion :
2129 kJ / 511 kcal / Protides 14 g / Glucides 33 g / Lipides 36 g

VARIANTE(S)

- Pour une présentation plus raffinée, présentez le crumble dans de petits ramequins individuels.

PILAF DE RIZ AUX FRUITS SECS

INGRÉDIENTS

300 g de riz basmati
500 g d'eau
½ c. à café de sel
le jus d'un ½ citron jaune
150 g d'oignons, coupés en deux
10 g d'ail
10 g d'huile d'olive
60 g d'amandes effilées
40 g de pistaches non salées, décortiquées
40 g de raisins secs de Corinthe
½ c. à café de graines de cumin
50 g de pignons de pin
30 g de graines de courge
1 c. à soupe de graines de pavot
50 g de canneberges séchées

PRÉPARATION

1. Peser le riz dans le panier cuisson et le rincer sous un filet d'eau froide.
2. Mettre l'eau et le sel dans le bol, et chauffer **5 min/Varoma/vitesse** .
3. Insérer le panier cuisson avec le riz et cuire **5 min/100°C/↺/vitesse 1**. En fin de cuisson, laisser le riz finir de cuire 3 minutes dans le bol fermé. Le transvaser ensuite sur un plat de service, l'arroser de jus de citron, mélanger à l'aide de la spatule et réserver au chaud. Laver et essuyer le bol.
4. Mettre l'oignon et l'ail dans le bol, et hacher **5 sec/vitesse 5**. Racler les parois du bol à l'aide de la spatule.
5. Ajouter l'huile d'olive et faire revenir **5 min/100°C/vitesse 1**.
6. Ajouter les amandes, les pistaches, les raisins secs, les graines de cumin, les pignons de pin, les graines de courge, les graines de pavot, les canneberges et le sel, et poursuivre la cuisson **5 min/100°C/↺/vitesse 1**.
7. A la sonnerie, répartir le contenu du bol sur le riz, mélanger et servir aussitôt.

Préparation : 15 min
Temps total : 40 min

6 portions

Facile

Valeurs nutritionnelles par portion :
1875 kJ / 445 kcal / Protides 10 g / Glucides 55 g / Lipides 20 g

INFORMATION(S)

- Ce plat est complet en protéines : fruits secs et céréales (ici le riz) s'y complètent à merveille.
- Les oléagineux (noix, noisettes, amandes, noix de cajou, de pécan ou de macadamia, pignons, pistaches, cacahouètes, graines de sésame, de courges, de tournesol, de lin…) sont une des familles de base d'une cuisine végétarienne bien pensée. Vous les trouverez en boutique Bio, sous forme de grains, en poudre ou de pâte à tartiner (comme le tahin, fait de sésame), d'utilisation pratique.
- Ils apportent des protéines, des "bonnes graisses", des fibres, des antioxydants et un cocktail de micronutriments (manganèse, magnésium, cuivre, calcium, vitamine B2, E). Leurs atouts santé : bons pour les os et le système nerveux, contribuent à réduire le mauvais cholestérol, préviennent la constipation…

RIZ COMPLET AUX LÉGUMES, LAIT DE COCO ET NOIX DE CAJOU

INGRÉDIENTS

2 cm de gingembre frais
50 g de noix de cajou non salées
110 g d'oignons, coupés en deux
1 gousse d'ail
50 g d'huile d'olive
80 g de fenouil, coupé en bâtonnets
160 g de courgettes, coupées en bâtonnets
100 g de poivron jaune, coupé en lanières
sel, à discrétion
poivre, à discrétion
250 g de riz long complet
500 g d'eau
100 g de lait de coco
5-10 feuilles de coriandre, ciselées

PRÉPARATION

1. Mettre le gingembre dans le bol et le mixer **10 sec/vitesse 7**. Transvaser dans un récipient et réserver.
2. Mettre les noix de cajou dans le bol et concasser grossièrement **/2-3 impulsions de Turbo**. Transvaser dans un récipient et réserver.
3. Mettre les oignons et l'ail dans le bol, et hacher **5 sec/vitesse 5**. Racler les parois du bol à l'aide de la spatule.
4. Ajouter 20 g d'huile d'olive et rissoler **5 min/Varoma/vitesse 1**.
5. Ajouter les bâtonnets de fenouil et de courgette, les lanières de poivron jaune, le sel et le poivre, et cuire **8 min/Varoma/ /vitesse 1**. Transvaser dans un récipient et réserver.
6. Sans rincer le bol, y mettre le reste d'huile d'olive et le riz complet, et rissoler **4 min/100°C/ /vitesse 1**. Le riz doit devenir translucide.
7. Ajouter le gingembre réservé, une pincée de sel et de poivre, couvrir avec l'eau, et cuire **18 min/100°C/ /vitesse 1**. Le riz est cuit s'il a absorbé tout le liquide.
8. Ajouter le lait de coco, la préparation aux légumes réservée et les noix de cajou concassées, et mélanger **40 sec/ /vitesse 2**.
9. Rectifier l'assaisonnement si nécessaire. Servir parsemé de feuilles de coriandre ciselées.

Préparation : 25 min
Temps total : 1 h

4
4 portions

Facile

Valeurs nutritionnelles par portion :
2075 kJ / 495 kcal / Protides 9 g / Glucides 55 g / Lipides 26 g

INFORMATION(S)

- Le **riz complet** a conservé sa pellicule brunâtre (le son de riz) et son germe. Plus ferme que le riz blanc, sa cuisson est raccourcie par un trempage préalable.
- Sa valeur nutritionnelle est supérieure à celle du riz blanc : riche en fibres, sélénium, manganèse, phosphore, magnésium (5 fois plus), zinc, vitamines B…
- Le zinc est l'autre minéral qui pourrait faire défaut aux végétariens. Nécessaire au système immunitaire, la croissance, la peau, les os… Vous en trouverez dans le sésame, les graines de courge, le pain de seigle, le fromage, le thym, ou dans les céréales complètes et le gingembre comme ici. L'absorption gagne à être facilitée, par la vitamine C, la germination, ou un peu de produit d'origine animale (œuf, fromage).

RISOTTO DE QUINOA À LA PROVENÇALE

INGRÉDIENTS

40 g de parmesan, coupé en morceaux
2 échalotes, coupées en deux
2 c. à soupe d'huile d'olive
230 g de graines de quinoa, rincées à l'eau froide
400 g d'eau
1 cube de bouillon de légumes 100% végétal
4 tomates séchées à l'huile, coupées en quartiers
8 olives noires
1 c. à soupe de raisins secs blonds
poivre, à discrétion
1 c. à soupe de pignons de pin
5-8 jeunes feuilles de basilic frais

USTENSILE(S)

poêle

PRÉPARATION

1. Mettre le parmesan dans le bol et râper **10 sec/vitesse 10**. Transvaser dans un récipient et réserver.
2. Mettre les échalotes dans le bol et hacher **5 sec/vitesse 5**.
3. Ajouter 1 c. à soupe d'huile d'olive et rissoler **4 min/Varoma/vitesse 1**.
4. A la sonnerie, ajouter les graines de quinoa, l'eau et le cube de bouillon de légumes, et cuire **15 min/100°C/↺/vitesse 1**. Il ne doit presque pas rester de liquide.
5. Incorporer le parmesan râpé, 4 quartiers de tomate séchée, 6 olives noires (garder le reste pour la finition), les raisins secs, le poivre et le reste d'huile d'olive, puis cuire **2 min/100°C/↺/vitesse 1**.
6. Pendant ce temps, faire légèrement griller à sec les pignons de pin dans une poêle.
7. Répartir le quinoa dans les assiettes, garnir avec le reste de tomates séchées et d'olives noires détaillées en morceaux, les pignons de pin et quelques feuilles de basilic. Servir aussitôt.

CONSEIL(S)

- Le bouillon, les olives et les tomates étant déjà salés, il n'est pas nécessaire d'ajouter du sel à cette recette.

Préparation : 10 min
Temps total : 30 min

4 portions

Facile

Valeurs nutritionnelles par portion :
1996 kJ / 480 kcal / Protides 14 g / Glucides 51 g / Lipides 25 g

INFORMATION(S)

- Le quinoa est doté de diverses caractéristiques nutritives à privilégier par les végétariens : riche en manganèse, fer, cuivre, zinc et la vitamine B2. De plus, le quinoa est riche en protéines végétales (15%) de haute qualité (apporte de la lysine) ; enfin, il est sans gluten (sa farine n'est donc pas panifiable), ce qui est un atout pour les personnes intolérantes ou gluten ou souffrant de maladie cœliaque.

COUSCOUS VÉGÉTARIEN

INGRÉDIENTS

80 g d'oignon, coupé en deux
20 g de beurre
200 g de semoule de blé dur fine
600 g d'eau
10 g d'huile d'olive
sel, à discrétion
200 g de petits pois frais ou surgelés
80 g de poivron rouge, détaillé en brunoise
1 cube de bouillon de légumes 100% végétal
1 c. à café de Ras-el-hanout
100 g de brocoli, détaillé en petits bouquets
4 fonds d'artichaut, coupés en six
200 g de courgettes, coupées en dés
150 g de pois chiches
1 citron confit, râpé grossièrement, sans la pulpe
200 g de tomates, épépinées
poivre, à discrétion

PRÉPARATION

1. Mettre l'oignon dans le bol et hacher **5 sec/vitesse 5**. Racler les parois du bol à l'aide de la spatule.
2. Ajouter le beurre et rissoler **4 min/100°C/vitesse 2**.
3. Mettre la semoule dans un récipient. Ajouter 200 g d'eau, l'huile d'olive et une pincée de sel, puis mélanger à l'aide d'une fourchette. Réserver.
4. Mettre les petits pois, le poivron rouge, le cube de bouillon de légumes végétal, le Ras-el-hanout et le reste d'eau dans le bol, et cuire **5 min/Varoma/↺/vitesse 1**.
5. Pendant ce temps, mettre les bouquets de brocoli et les fonds d'artichauts coupés en six dans le panier cuisson. Mettre les courgettes et les pois chiches dans le Varoma. Mélanger le citron confit à la semoule égrainée, puis transvaser la semoule sur le plateau vapeur. Insérer ce dernier dans le Varoma et réserver.
6. A la sonnerie, insérer le panier cuisson, mettre l'ensemble Varoma en place et cuire à la vapeur **10 min/Varoma/↺/vitesse 1**.
7. Egoutter les légumes dans le panier cuisson en réservant 100 g du bouillon contenu dans le bol. Réserver les légumes et la semoule au chaud.
8. Ajouter les tomates au contenu du bol et cuire **2 min/Varoma/vitesse 2**, sans le gobelet doseur.
9. Rectifier l'assaisonnement avec sel et poivre si nécessaire, et mixer **20 sec/vitesse 10**.
10. Servir aussitôt la semoule et les légumes accompagnés de sauce tomate.

CONSEIL(S)

- Adaptez les légumes à ce dont vous disposez, selon la saison, et ajoutez ou remplacez à l'envie ceux cités ici par navet, potiron, carotte...

Préparation : 10 min
Temps total : 35 min

4 portions

Facile

Valeurs nutritionnelles par portion :
1607 kJ / 380 kcal / Protides 17 g / Glucides 55 g / Lipides 10 g

INFORMATION(S)

- Un autre bel exemple - avec la soupe au pistou - de plat traditionnel équilibré en protéines, grâce à la complémentarité entre céréales (couscous) et légumineuses (pois chiche).

PAËLLA AUX HARICOTS ROUGES

INGRÉDIENTS

150 g d'oignons, coupés en deux
3 gousses d'ail
20 g d'huile d'olive
350 g d'eau
1 dose de safran en poudre
sel, à discrétion
poivre, à discrétion
350 g de tomates, épépinées et coupées en dés
80 g de carottes, coupées en dés
100 g de petits pois écossés
120 g de haricots verts frais, coupés en tronçons
75 g de courgettes vertes, coupées en dés
75 g de courgettes jaunes, coupées en dés
1 c. à café bombée d'herbes de Provence
200 g de riz long complet
100 g de haricots rouges en conserve, rincés à l'eau froide
le jus d'un ½ citron
60 g d'olives violettes
60 g d'olives à la provençale
1 c. à soupe de persil frais, ciselé

PRÉPARATION

1. Mettre l'oignon et les gousses d'ail dans le bol, et hacher **7 sec/vitesse 5**.
2. Ajouter l'huile d'olive et rissoler **4 min/Varoma/vitesse 🥄**.
3. Ajouter l'eau, le safran, le sel, le poivre, les dés de tomate et de carotte, les petits pois, les tronçons de haricot vert, les dés de courgette et les herbes de Provence, et cuire **15 min/100°C/⟲/vitesse 1**.
4. A la sonnerie, ajouter le riz complet puis cuire à nouveau **10 min/100°C/⟲/vitesse 🥄**.
5. Ajouter les haricots rouges égouttés, et prolonger la cuisson **5 min/100°C/⟲/vitesse 🥄**.
6. Rectifier l'assaisonnement si nécessaire, transvaser sur un plat de service, arroser de jus de citron, parsemer d'olives violettes, d'olives à la provençale et de persil frais, et servir aussitôt.

Préparation : 15 min
Temps total : 1 h 15 min

4
4 portions

Facile

Valeurs nutritionnelles par portion :
1649 kJ / 391 kcal / Protides 11 g / Glucides 55 g / Lipides 14 g

MARMITE D'ÉPEAUTRE AUX LÉGUMES ET SAUCISSE DE SOJA

INGRÉDIENTS

La veille
100 g de haricots blancs, secs
150 g de petit épeautre, en grains
1000 g d'eau

Le jour même
130 g d'oignons, coupés en deux
3 belles gousses d'ail, coupées en deux
300 g d'eau
1 bouquet garni
80 g de carottes, coupées en dés (2 cm env.)
120 g de poireau, coupé en petits tronçons
sel, à discrétion
poivre, à discrétion
15 g d'huile d'olive
2 saucisses de soja parfumées aux champignons, coupées en rondelles (1 cm env.)
3-4 brins de persil frais

USTENSILE(S)

poêle

PRÉPARATION

La veille

1. Mettre les haricots blancs secs et les graines d'épeautre à tremper dans un grand volume d'eau pendant 12 heures.

Le jour même

2. Mettre l'oignon et les gousses d'ail dans le bol, et hacher **5 sec/vitesse 5**. Racler les parois du bol à l'aide de la spatule.
3. Ajouter les haricots blancs et les graines d'épeautre égouttés, l'eau et le bouquet garni, et cuire **50 min/100°C/⟲/vitesse ⟡**.
4. Ajouter les carottes et le poireau, et prolonger la cuisson **20 min/100°C/⟲/vitesse ⟡**.
5. En fin de cuisson, saler et poivrer à votre convenance.
6. Quelques minutes avant la fin de la cuisson, chauffer l'huile d'olive dans une poêle et y cuire les rondelles de saucisse de soja. Les retourner quand elles sont juste dorées.
7. Transvaser le contenu du bol sur un plat de service, y déposer harmonieusement les rondelles de saucisse de soja, décorer de brins de persil frais et servir chaud.

CONSEIL(S)

- Les saucisses de soja aux champignons se trouvent en magasins bio. A défaut, utilisez des saucisses de soja nature ou du tofu coupé en cubes.
- A l'étape 2, ajustez le temps de cuisson des haricots secs à la variété de haricot choisie (Tarbet, coco de Paimpol, etc...).

Préparation : 15 min
Temps total : 1 h 30 min

4 portions

Facile

Valeurs nutritionnelles par portion :
1309 kJ / 311 kcal / Protides 14 g / Glucides 45 g / Lipides 8 g

INFORMATION(S)

- L'**épeautre**, appelé aussi "blé des Gaulois", est une céréale proche du blé mais vêtue, c'est-à-dire que le grain reste couvert de sa balle. Cette espèce est aussi appelée "grand épeautre" par opposition au "petit épeautre", autre espèce de céréale rustique.
- L'épeautre est intéressant pour ses valeurs nutritionnelles exceptionnelles. Cette céréale est plus riche en protéines, mais aussi en magnésium, en zinc, en fer et en cuivre que son "grand frère" le blé. Ses protéines sont plus riches que celles d'autres céréales en lysine, un acide aminé essentiel.

TOMATES FARCIES AU SARRASIN

INGRÉDIENTS

4 tomates à farcir
(type Cœur de Bœuf)
2 pincées de sel
½ bouquet de persil frais
½ bouquet de coriandre
1 belle gousse d'ail
80 g d'oignon jaune
100 g d'oignon rouge
70 g d'échalote
poivre, à discrétion
130 g de graines de sarrasin
140 g d'eau
50 g de pignons de pin

USTENSILE(S)

papier absorbant
plat à gratin (30 x 25 x 6 cm)

PRÉPARATION

1. Préchauffer le four à 160°C (Th. 6).
2. Couper le chapeau des tomates, les évider à l'aide d'une cuillère et en réserver la chair, saler l'intérieur des tomates, les retourner sur un plat tapissé de papier absorbant et les laisser égoutter pendant la préparation de la recette.
3. Mettre le persil et la coriandre dans le bol, et hacher **5 sec/vitesse 7**. Transvaser dans un récipient et réserver.
4. Mettre la gousse d'ail, l'oignon jaune, l'oignon rouge, l'échalote, la chair des tomates, le sel et le poivre dans le bol, et mixer **5 sec/vitesse 6**. Racler les parois du bol à l'aide de la spatule.
5. Ajouter les graines de sarrasin, le sel, le poivre et l'eau, et cuire **10 min/100°C/vitesse 1**. A la sonnerie, laisser le sarrasin gonfler 5 minutes dans le bol.
6. Ajouter ensuite le persil et la coriandre hachés, les pignons de pin, et mélanger **20 sec/↺/vitesse 3**. Rectifier l'assaisonnement.
7. Farcir les tomates de cette préparation, repositionner le chapeau sur chaque tomate et disposer dans un plat à gratin. Enfourner 30 minutes. Servir chaud.

Préparation : 15 min
Temps total : 1 h 30 min

4 portions

Facile

Valeurs nutritionnelles par portion :
1098 kJ / 261 kcal / Protides 9 g / Glucides 36 g / Lipides 9 g

INFORMATION(S)

- Le **sarrasin**, couramment appelé blé noir, est employé sous forme de farine ou de grains entiers. La farine de sarrasin, au goût amer et de noisette, est utilisée par exemple pour la confection de galettes (crêpes salées de blé noir) en Bretagne, de pâtes (nouilles soba au Japon), ou encore de couscous. Les vrais blinis se font à partir de cette farine (moitié froment moitié sarrasin). En Europe de l'Est, on la mange en grains, grillés (kasha). Par contre, dépourvu de gluten, il est peu panifiable.
- Cette céréale ancestrale combine plusieurs atouts santé : sans gluten (donc aptes aux intolérants), "réchauffant yang" (au sens de la Médecine Chinoise), anti-acide (contrairement à la farine de blé), accepté dans le régime hypo-toxique en cas de maladies auto-immunes.

POTÉE DE HARICOTS AZUKI À LA PROVENÇALE

INGRÉDIENTS

La veille
150 g de haricots azuki
150 g d'eau

Le jour même
350 g d'eau
2 pincées de sel
3 belles gousses d'ail
130 g d'oignons rouges, coupés en deux
20 g d'huile d'olive
180 g de poivrons rouges, coupés en lanières
350 g de tomates, coupées en quartiers
½ c. à café d'herbes de Provence
1 pincée de poivre
10 belles feuilles de basilic frais
8 olives noires dénoyautées
1-2 brins de persil frais

PRÉPARATION

La veille

1. Mettre les haricots azuki dans un saladier, ajouter l'eau (les haricots doivent être couverts) et laisser tremper pendant 12 heures.

Le jour même

2. Mettre les haricots azuki et leur eau de trempage dans le bol, ajouter l'eau et cuire **40 min/100°C/↺/vitesse ⫰**. En fin de cuisson, saler, transvaser dans un récipient et réserver au chaud. Laver et essuyer le bol.
3. Mettre les gousses d'ail et l'oignon rouge dans le bol, et hacher **5 sec/vitesse 5.**
4. Ajouter l'huile d'olive et rissoler **4 min 30 sec/Varoma/vitesse 1**, sans le gobelet doseur.
5. Ajouter les lanières de poivron, les quartiers de tomate, les herbes de Provence, le sel et le poivre, et mijoter **20 min/100°C/↺/vitesse ⫰**, sans le gobelet doseur. Cinq minutes avant la fin de la cuisson, ajouter le basilic ciselé et les olives noires par l'orifice du couvercle sur les couteaux en marche.
6. Transvaser les haricots azuki au centre d'un plat de service, entourer de tomates provençales et parsemer de persil frais ciselé. Servir aussitôt.

CONSEIL(S)

- Pour maintenir les haricots au chaud pendant la cuisson des légumes, mettez le saladier couvert dans le four préchauffé à 90°C.

Préparation : 1 h
Temps total : 13 h

4 portions

Facile

Valeurs nutritionnelles par portion :
1075 kJ / 257 kcal / Protides 10 g / Glucides 33 g / Lipides 9 g

INFORMATION(S)

- Le **haricot azuki** ou **haricot rouge du Japon**, parfois appelé **soja rouge**, est largement cultivé en Asie orientale pour ses graines comestibles. C'est l'une des espèces de haricots rouges les plus savoureuses et les plus consommées tant en cuisine qu'en pâtisserie asiatique.
- C'est un ingrédient très couramment utilisé dans la cuisine japonaise, chinoise, vietnamienne et coréenne.
- Au Japon, le riz cuit en mélange avec des haricots azuki est traditionnellement préparé pour les repas de fêtes, le mariage de rouge et de blanc étant le symbole du pays (drapeau) mais aussi de l'opulence.

TOFU FAÇON GRAND-MÈRE

INGRÉDIENTS

La marinade

120 g de vin rouge
25 g de sauce soja
120 g de crème de soja
2 feuilles de laurier fraîches
1 branche de romarin frais
200 g de tofu ferme, coupé en dés (1 cm env.)

La garniture

100 g d'oignons, coupés en deux
30 g de beurre
400 g d'eau
½ cube de bouillon de légumes 100% végétal
450 g de pommes de terre à chair ferme, coupées en cubes
300 g de champignons de Paris frais, brossés et coupés en quatre
1 c. à soupe de concentré de tomate
15 g de fécule de maïs
½ c. à café de sel
poivre, à discrétion

PRÉPARATION

La marinade

1. Mettre le vin rouge, la sauce soja, la crème de soja, le laurier et le romarin dans un récipient et mélanger à l'aide de la spatule. Ajouter les dés de tofu, mélanger délicatement et laisser mariner une à deux heures.

La garniture

2. Mettre l'oignon dans le bol et hacher **5 sec/vitesse 5**. Racler les parois du bol à l'aide de la spatule.
3. Ajouter le beurre et rissoler **5 min/100°C/vitesse 1**.
4. Ajouter l'eau et le cube de bouillon de légumes végétal. Mettre les cubes de pomme de terre dans le panier cuisson, insérer ce dernier et cuire à la vapeur **10 min/Varoma/vitesse 1**.
5. Pendant ce temps, mettre les champignons de Paris dans le Varoma. A la sonnerie, mettre ce dernier en place et prolonger la cuisson **10 min/Varoma/vitesse 1**. En fin de cuisson, transvaser les champignons dans le panier cuisson avec les pommes de terre et maintenir au chaud.
6. Egoutter le tofu et verser la marinade, sans les aromates, dans le bol. Ajouter le concentré de tomate, la fécule de maïs, le sel et le poivre, et mixer **5 sec/vitesse 4**.
7. Ajouter les aromates et cuire **5 min/100°C/⟲/vitesse 1**.
8. Ajouter les dés de tofu, les champignons et les pommes de terre à la sauce, et mélanger **2 min/100°C/⟲/vitesse** . Servir aussitôt.

VARIANTE(S)

- Selon la saison, remplacez les champignons de Paris par une autre espèce de champignon, ou par un mélange de girolles, chanterelles…

Préparation : 20 min
Temps total : 2 h 40 min

4 portions

Facile

Valeurs nutritionnelles par portion :
1217 kJ / 291 kcal / Protides 13 g / Glucides 26 g / Lipides 14 g

INFORMATION(S)

- Le **tofu** (prononcé **tofou**) ou **fromage de soja** est un aliment d'origine chinoise, issu du "caillage" du lait de soja. C'est une pâte blanche, molle, peu odorante et assez insipide, constituant une base importante de l'alimentation asiatique. On l'obtient en rajoutant un agent coagulant au lait de soja ayant subi un traitement thermique.
- En cuisine végétarienne, le tofu est beaucoup utilisé pour son apport en protéines qui remplace la viande sur le plan nutritionnel. Contrairement aux autres légumineuses, il n'est pas déficient en acide aminé essentiel et de ce fait présente un profil protéique complet.

BURGER AU TOFU

INGRÉDIENTS

La marinade
1 gousse d'ail
10 g de gingembre frais
30 g d'huile d'olive
20 g de miel
200 g de tofu ferme

Les galettes de légumes
120 g de carottes
120 g de courgettes, coupées en gros cubes
80 g d'oignon, coupé en deux
2 œufs
1 c. à café de curry en poudre
40 g de farine
2 pincées de sel
poivre, à discrétion
20 g d'huile d'olive
4 petits pains pour burger
10-15 feuilles de roquette
50 g de graines germées (facultatif)

USTENSILE(S)

film alimentaire
poêle

PRÉPARATION

La marinade

1. Mettre la gousse d'ail et le gingembre dans le bol, et hacher **5 sec/vitesse 5**. Racler les parois du bol à l'aide de la spatule.
2. Ajouter l'huile d'olive et le miel, et chauffer **2 min/50°C/vitesse 2**.
3. Couper le tofu en 4 tranches égales, les disposer à plat dans un plat creux et les couvrir de marinade. Filmer et réserver au frais au moins une heure.

Les galettes de légumes

4. Préchauffer le four à 160°C (Th. 6).
5. Mettre la carotte dans le bol et râper **2 sec/vitesse 5**.
6. Ajouter les dés de courgette et l'oignon, et râper **5 sec/vitesse 5**. Transvaser dans un récipient et réserver.
7. Mettre les œufs, le curry, la farine, le sel et le poivre dans le bol, et mixer **20 sec/vitesse 4**.
8. Ajouter cette préparation aux légumes et mélanger à l'aide d'une fourchette. Chauffer une poêle, y verser l'huile d'olive, former 4 galettes de la taille des tranches de tofu avec la préparation aux légumes, et les cuire 3 minutes sur chaque face dans la poêle chaude.
9. Ouvrir les pains en deux, les placer sur la grille du four et les toaster 5 minutes. Garnir 4 demi-pains de feuilles de roquette, poser dessus une galette de légumes, puis une tranche de tofu. Ajouter un peu de marinade et terminer par un peu de graines germées. Couvrir avec l'autre demi-pain et servir immédiatement.

VARIANTE(S)

- Variez la garniture de vos burgers à l'envie en ajoutant rondelles de tomate ou de concombre, moutarde, lamelles de fromage…
- Réalisez vous-même vos petits pains briochés, et garnissez le dessus de graines (lin, pavot, cumin, fenouil…) avant d'enfourner.

Préparation : 20 min
Temps total : 1 h 30 min

4 portions

Facile

Valeurs nutritionnelles par portion :
2103 kJ / 504 kcal / Protides 20 g / Glucides 52 g / Lipides 23 g

INFORMATION(S)

- On trouve le **tofu** au rayon frais ou bio de certaines grandes surfaces, dans les magasins asiatiques ou les magasins bio.
- Le tofu est riche en protéines d'origine végétale et ne contient pas de cholestérol. Il présente aussi un profil lipidique très intéressant puisqu'il contient des acides gras insaturés qui diminuent le mauvais cholestérol.

POÊLÉE DE TOFU ET CÉLERI SUCRÉ SALÉ

INGRÉDIENTS

La marinade
300 g de tofu ferme, détaillé en dés
4 c. à soupe d'huile de sésame
2 c. à soupe de sauce de soja

La garniture
3 oignons nouveaux
2 c. à soupe d'huile de sésame
400 g de céleri-rave, coupé en dés
800 g d'eau
1 cube de bouillon de légumes 100% végétal
1 c. à soupe d'huile d'olive, et un peu pour le wok
150 g de riz rouge
6 graines de cardamome
1 c. à soupe de vinaigre de riz
le jus d'un ½ citron
2 c. à soupe de miel
30 g de cassonade
poivre, à discrétion
½ c. à café de sel
3 c. à soupe de graines de sésame

USTENSILE(S)
wok

PRÉPARATION

La marinade

1. Mettre les dés de tofu dans un saladier et les arroser avec 2 c. à soupe d'huile de sésame et la sauce soja. Mélanger puis laisser mariner 1 heure au frais.

La garniture

2. Mettre 2 oignons nouveaux dans le bol et hacher **8 sec/vitesse 5.** Racler les parois du bol à l'aide de la spatule.
3. Ajouter 2 c. à soupe d'huile de sésame et les dés de céleri-rave, et mijoter **5 min/Varoma/⟲/vitesse** ♪.
4. Ajouter 300 g d'eau et le cube de bouillon végétal, et mijoter à nouveau **20 min/100°C/⟲/vitesse** ♪.
5. A la sonnerie, égoutter à l'aide du panier cuisson et réserver dans un récipient. Rincer rapidement le bol.
6. Mettre l'huile d'olive, le riz et les graines de cardamome dans le bol, et mijoter **5 min/Varoma/⟲/vitesse** ♪.
7. Ajouter le reste d'eau et cuire **20 min/100°C/⟲/vitesse** ♪. Egoutter et retirer les graines de cardamome. Réserver au chaud.
8. Pendant la cuisson du riz, chauffer un wok légèrement huilé, et y faire revenir le tofu et sa marinade à feu très vif. Déglacer avec le vinaigre, ajouter le jus du demi-citron et le miel, saupoudrer de cassonade et laisser caraméliser légèrement. Poivrer, parsemer de graines de sésame, et ajouter le céleri et le reste d'oignon ciselé. Servir chaud accompagné du riz rouge.

VARIANTE(S)

- Remplacez la cassonade par du sucre Rapadura, sucre complet au goût caractéristique de caramel et de réglisse. Il se trouve en magasin bio.

Préparation : 5 min
Temps total : 2 h

4 portions

Moyennement facile

Valeurs nutritionnelles par portion :
3077 kJ / 739 kcal / Protides 18 g / Glucides 51 g / Lipides 51 g

INFORMATION(S)

- Le **tofu** se trouve sous deux formes : ferme ou soyeux, et plusieurs textures : mou, ferme, mi-ferme, extra-ferme selon l'utilisation que l'on veut en faire.
- **Le tofu ferme ou extra-ferme** peut être nature, parfumé aux herbes ou fumé. Il se cuisine en dés, émietté ou en purée, et s'intègre parfaitement à vos soupes, plats ou sautés. Une fois entamé, il se conserve une semaine dans un récipient hermétique dans de l'eau qu'il faut changer tous les 2 jours. Comme il est plutôt fade, il est recommandé de le faire mariner comme une viande, ou de l'incorporer à vos recettes en début de préparation avec des herbes ou des épices.
- **Le tofu soyeux** est onctueux car il n'est ni pressé, ni égoutté. Plus adapté à la fabrication des sauces et desserts, il peut facilement remplacer le yaourt ou la crème dans vos préparations culinaires. Il se conserve 2-3 jours dans son emballage d'origine.

SEITAN À L'ORANGE

INGRÉDIENTS

Le seitan

100 g de cerneaux de noix
2 gousses d'ail
150 g d'oignons
20 g de sauce soja
1 c. à café de sel
1100 g d'eau
350 g de farine de gluten

La sauce

5 g de gingembre frais
2 oranges
25 g de sucre brun
40 g de vinaigre de cidre
20 g de fécule de maïs
10 g d'huile de sésame

PRÉPARATION

Le seitan

1. Mettre les cerneaux de noix dans le bol et mixer **8 sec/vitesse 9**.
2. Ajouter les gousses d'ail, l'oignon, la sauce soja et le sel, et mixer **5 sec/vitesse 7**. Racler les parois du bol à l'aide de la spatule.
3. Ajouter 300 g d'eau et la farine de gluten, et mélanger **10 sec/vitesse 4**. Transvaser la pâte sur un plan de travail et la diviser en deux. Faire de chaque pâton un boudin, en placer un dans le Varoma et un sur le plateau vapeur. Réserver.
4. Mettre le reste d'eau dans le bol, mettre le Varoma en place et cuire à la vapeur **40 min/Varoma/vitesse 2**. A la sonnerie, retirer le Varoma et laisser refroidir.

La sauce

5. Mettre le gingembre et le zeste d'une orange dans le bol, et râper **5 sec/vitesse 5**.
6. Ajouter le jus de l'orange, le sucre et le vinaigre, et cuire **10 min/Varoma/vitesse 2**, sans le gobelet doseur.
7. Pendant ce temps, peler la deuxième orange à vif, en prélever les suprêmes puis les couper en deux. Réserver.
8. Couper le seitan refroidi en tranches et enrober chacune de fécule de maïs. Verser l'huile de sésame dans une poêle bien chaude et y faire dorer les tranches jusqu'à ce qu'elles soient croustillantes.
9. Au moment de servir, ajouter les suprêmes d'orange à la sauce chaude et servir les tranches de seitan nappées de sauce.

Préparation : 10 min
Temps total : 50 min

6 portions

Facile

Valeurs nutritionnelles par portion :
1807 kJ / 428 kcal / Protides 47 g / Glucides 24 g / Lipides 15 g

INFORMATION(S)

- Originaire du Japon, le **seitan** est un aliment à base de protéine du gluten de blé, partie de la céréale qui contient le plus de vitamines et de minéraux. Obtenu à base de la farine par un procédé permettant d'en séparer la protéine, il est ensuite cuit dans un bouillon de légumes. On peut aussi le faire soi-même comme dans la recette ci-dessus. On l'appelle aussi "nourriture de Bouddha" ou "viande végétale".
- Sur le plan nutritionnel, le seitan est un aliment riche en protéines (30%), peu calorique (120 calories aux 100 g) et ne contenant quasiment pas de graisse et aucun cholestérol.
- La farine de gluten est une farine enrichie en protéines et appauvrie en glucides, de ce fait conseillée aux diabétiques. On la trouve en magasin bio.

POUR EN
SAVOIR PLUS...

Encore marginal et discret il y a quelques années, le végétarisme suscite aujourd'hui un intérêt croissant. Avec ce nouveau livre de recettes, nous allons vous faire découvrir un univers culinaire varié et gourmand.

ÊTRE VÉGÉTARIEN

Il existe plusieurs degrés de végétarisme :
- Les végétariens, qui ne consomment ni viande et charcuterie, ni poisson et fruit de mer. Les aliments végétaux (céréales, tubercules, légumineuses, fruits, légume...) constituent une part essentielle de leur alimentation. Ils mangent toutefois les sous-produits animaux que sont les œufs, les produits laitiers et le miel.
- Les végétaliens, qui ont des règles plus strictes et se nourrissent exclusivement de produits d'origine végétale, excluant donc œufs, miel et produits laitiers.
- Et les flexitariens (ou semi-végétariens). Ce sont tous ceux qui pratiquent le végétarisme à des degrés divers et variables, et consomment donc viandes et poissons occasionnellement.

Les motivations amenant une personne à adopter l'un de ces modes alimentaires sont diverses : conséquences sur la santé (consommation excessive de viande par exemple), questions éthiques (un traitement plus juste des animaux), préoccupations environnementales (élevage intensif, extinction de certaines espèces...), élargir la palette de ses talents culinaires... ou la combinaison de plusieurs de ces raisons.

Inutile toutefois d'être végétarien pour cuisiner végétarien...
Cuisiner végétarien, c'est avant tout cuisiner autrement. C'est partir à la découverte de nouveaux ingrédients et élargir sa palette gustative, se familiariser avec un art de la table plus équilibré. C'est aussi, plus simplement, explorer des plaisirs culinaires qui permettent de sortir de l'ordinaire.

QUELQUES RÈGLES D'OR

Bien manger végétarien ne consiste pas simplement à retirer viandes et poissons de son alimentation. C'est aussi revoir sa façon de s'alimenter, repenser les plats sur un autre schéma, faire ses courses dans de nouveaux magasins, et tenir compte des règles d'équilibre.

1. Il importe de choisir des aliments variés dans chacune des six familles alimentaires majeures : les légumes, les fruits, les céréales et tubercules, les légumineuses (lentilles, pois, pois chiches, haricots secs, fèves, soja...), les fruits oléagineux (noix, amandes, noisettes, noix de cajou, pistaches...) et graines, germées ou non.
La pyramide alimentaire végétarienne quotidienne idéale se compose ainsi : 1 base d'eau, 3 portions de légumes, 2 portions de fruits, 2 à 3 portions de céréales et tubercules, 30 à 60 g de graines, ½ à 1 portion de légumineuses, 2 à 4 c. à soupe d'huile, 0 à 50 g de fromage. Préférez toujours des aliments complets, non raffinés, de saison, bio, et non transformés.

2. La complémentarité protéique. L'œuf est la protéine de référence avec son profil complet en 8 acides aminés essentiels, mais ce n'est pas le cas des végétaux... ni de la viande. Il est possible d'obtenir un profil complet en combinant des protéines végétales différentes (pas nécessairement au même repas) qui se compensent. L'exemple typique est l'alliance céréales/légumineuses (2/3 - 1/3).

3. Manger des fruits et légumes frais plusieurs fois par jour.

4. Apprendre à cuisiner les légumineuses.

5. Garnir ses placards de "supers-aliments" indispensables : graines oléagineuses, algues, germes de blé, graines germées...

ECUEILS À ÉVITER

Un régime végétarien mal équilibré augmente les risques de carences nutritionnelles.
Pour assurer un apport complet en protéines sans surconsommer œufs, produits laitiers et soja, manger des sources protéiques végétales variées tous les jours : céréales complètes, quinoa, légumes secs, tofu, amandes, algues, graines germées...
Certains apports en micronutriments (fer, zinc, oméga 3, parfois vitamine B12, calcium, vitamine D) peuvent être limités sans toutefois qu'il y ait carence avérée. La consommation d'un sous-produit animal limite fortement ces risques.
Les végétaliens ont tout intérêt à consommer de la vitamine B12 en complément nutritionnel.

CONCLUSION

Les recettes végétariennes développées dans ce livre sont simples et équilibrées. Vous y découvrirez un véritable art de vivre pour ravir toutes les papilles. Au fil des pages, des zooms "nutrition" et infos "ingrédients" vous permettront de vous familiariser avec cet univers.

Inspirez-vous de ces recettes et bénéficiez des vertus de ce type d'alimentation. Commencez par réduire votre consommation de viande et remplacez-la par céréales et légumineuses. Elargissez votre gamme petit à petit en substituant les laits végétaux au traditionnel lait de vache, et des farines aux saveurs et textures jusque-là inconnues à la classique farine de blé. Galettes de céréales, pâté végétal, blinis de pommes de terre et autres paëllas aux haricots rouges n'auront bientôt plus de secrets pour vous, et s'inviteront à votre table pour le plus grand bonheur de vos convives.

Si vous souhaitez aller plus loin dans la démarche, renseignez-vous bien auprès d'un professionnel de santé, et faites-le progressivement : un changement de régime alimentaire ne s'improvise pas.

Bonnes découvertes du monde sain et savoureux de la cuisine végétarienne !

MES NOTES...

INDEX ALPHABÉTIQUE

B
Blinis de pomme de terre, sauce tomate avocat............32
Burger au tofu............98

C
Cheesecake salé aux poivrons............48
Choux à la mousse de petits pois............18
Couscous végétarien............86
Cromesquis de pomme de terre au cœur nantais............12
Croustillant méditerranéen............56
Crumble style indien............78

F
Feuilles de vigne farcies au millet............14
Fèves, petits pois et poires aux épices douces............44
Flan de ricotta aux pousses d'épinard et pistaches............46

G
Galettes de maïs à la coriandre............17
Galettes de pois chiches à la tomate............16
Garbure au tofu............26
Gaufres au blé noir et petits légumes............60
Gratin de lentilles corail............74
Gratiné de cannelloni au vert............68

H
Hachis de légumes au boulgour............76
Houmous de betterave............06

L
Lasagnes aux légumes anciens............66

M
Marmite d'épeautre aux légumes et saucisse de soja............90

N
Nasi goreng............72
Nouilles soba aux légumes et tofu............70

O
Œuf mollet sur sablé et son tartare de légumes............30

P
Paëlla aux haricots rouges............88
Pâté végétal............08
Pilaf de riz aux fruits secs............80
Poêlée de tofu et céleri sucré salé............100
Potée de haricots azuki à la provençale............94

R
Risotto de quinoa à la provençale............84
Riz complet aux légumes, lait de coco et noix de cajou............82

S
Salade de blé aux petits légumes............42
Salade de boulgour au fenouil et à l'orange............40
Salade de lentilles vertes............38
Salade de quinoa aux légumes croquants............34
Salade mexicaine............36
Samoussa pomme de terre coriandre............10
Seitan à l'orange............102
Soupe au pistou............28
Soufflé aux épinards et deux fromages............58
Soupe miso............24

T
Tarte aux épinards et citron confit............64
Tartinade d'artichaut à la tomate............07
Terrine de chèvre aux olives............52
Terrine épinards brocolis............50
Terrine fromagère de polenta aux poireaux............54
Tofu façon grand-mère............96
Tomates farcies au sarrasin............92

V
Velouté avocat et lait de coco............23
Velouté patate douce et orange............22

REMERCIEMENTS

Certains de nos testeurs ne sont vraiment pas prêts à devenir végétariens, d'autres en revanche s'y verraient... presque !

Après leur avoir expliqué ce qu'est le tofu, le seitan, le sarrasin, le millet, le miso, ... notre équipe de testeurs s'est parfaitement prêtée au jeu d'un style de cuisine nouveau pour la majorité d'entre eux et de leurs familles ! Quelques testeurs ont eu l'impression de participer à une chasse au trésor pour trouver "l'ingrédient indispensable", mais aucun n'a hésité à pousser les portes de plusieurs magasins. Pour beaucoup, ce livre a été l'occasion de réelles découvertes culinaires, belles rencontres ou rendez-vous manqué, mais tous ont essayé !

Qu'ils soient ici tous chaleureusement remerciés pour leur implication, leur travail et tous les retours riches d'enseignements qu'ils peuvent nous faire au quotidien. Vous pouvez maintenant aller dîner chez eux : sans viande ni poisson, ils assurent...

Nathalie ALOIRD, Françoise BONI, Romain BOURGEOIS, Vanina BOUTILLOT, Stéphanie CARTRON, Samuel DOUET, Stéphanie DOURON, Sandra ERMIAS, Carole FRAPREAU, Aurélie GAUDICHE, Anaïs JAUMOUILLE, Laurence LANOE, Caroline LANSON, Meryem LAUDRIN, Annie MALGONNE, Bastien MONTMIREL, Cynthia MUCCIO, Sylvie RETIERE.

Un grand merci à Anne Bernabeu pour sa collaboration et ses conseils précieux lors de la réalisation de cet ouvrage.

Un grand merci aux magasins :
"Chez nous", Rohaire
Les petits papiers, Nantes
Home, Nantes
Le grand comptoir, Nantes
Y' a pas le feu au lac, Saint-Julien, France
The Collection, Paris
Home autour du monde, Paris
Fleux, Paris
Milk Factory, Paris
Le petit Atelier de Paris
Sentou Marais, Paris
Conran shop, Paris
Muji, Paris

Direction éditoriale : Sophie HANON-JAURE
Développement des recettes : Edith POUCHARD, Isabelle PHILION et Marie CORBET
Nutritionniste et naturopathe : Anne BERNABEU
Création graphique et réalisation : PONCTUATION, Nantes, www.ponctuation.fr
Crédit photos culinaires et couverture : D3 Studio, Nantes
Stylisme des photos culinaires : Gaëlle GOUMAND, assistée de Chloé Josso

Achevé d'imprimer en novembre 2013 sur les presses de l'imprimerie Wauquier - Tél. 01 30 93 13 13
norme environnementale ISO 14001 - Papier certifié PEFC BV/CDC/1960231

Vorwerk France
Société en commandite simple
539 route de Saint Joseph
CS 20811
44308 Nantes cedex 3
Tél. 02 518 547 47
www.thermomix.fr